知っておきたい

暮らしのマナーブック

カバー・本文イラスト／たがみよしこ
カバーデザイン／小林千枝子

暮らしのマナーブック＊目次

⊙1章

知らないと恥をかく
結婚のマナー

◉2章

知らないと恥をかく 葬儀のマナー

◉3章 知らないと恥をかく 祝い事のマナー

◉4章

知らないと恥をかく お付き合いのマナー

◉5章

知らないと恥をかく　訪問する・されるマナー

◉6章

知らないと恥をかく 手紙のマナー

◉7章

知らないと恥をかく 和食・洋食・中華のマナー

8章 知っておきたい ごちそうを食べるマナー

いざというときも困らない常識として知っておきたいマナーの本 ――前書き

私たちの暮らしには、さまざまな知っておかねばならないマナーがあります。冠婚葬祭はもちろん、手紙の書き方、病気見舞い、お中元・お歳暮の贈り方、ご近所付き合い、食事のマナーなど、どれも、暮らしていくうえで、欠かせないマナーですが、私たちはちゃんと知っていないことが多いものです。

たとえば、

・披露宴に招待していない人からお祝いをもらったら、お返しはどうするか？
・大事な人の結婚式と葬儀が重なってしまったら、どちらに行くべきか？
・引っ越しをしたら、どの範囲の近所の家に挨拶に行くべきか？
・お中元・お歳暮を目上の人に送り続けてきたが、もうやめたいというとき、どうしたらいいいか？
・洋食のコース料理の食べ方に自信がないが、どうしよう？

などなど、こんなときに、この一冊を見てください。いざ！というときに、安心できます。常識として知っておくべきマナーが網羅してあります。

とくに、冠婚葬祭のマナーは、時代とともに変わっていくし、時代に合わなくなったマナーもでてきます。この本には、そんな、判断に迷う微妙なマナーについて取り上げてあります。そこが、他の本との違う点です。

どうか、一家に一冊、この本を用意しておき、毎日の暮らしに役立ててください。これさえ知っていれば、もう、困りません！

1章

知らないと恥をかく
結婚のマナー

結婚のマナー　これだけは知っておこう

●結婚は、二人の人生の大きな節目《ふしめ》であり、新しい門出である。その門出を親しい人たちに披露し祝う結婚式と披露宴は、一生に一度の晴れの日。

その大切な日は、結婚する二人はもちろんのこと、招待する人たちみんなに喜んでもらえる思い出深い一日にしたいもの。

最近は、従来通りの式を挙《あ》げずに、友人だけの簡単なパーティーにするなど、式の考え方も変わってきているが、やはり、基本のマナーだけは常識として知っておこう。

結婚のマナーというと、見合いからはじまって、婚約、結納《ゆいのう》などいろいろあるが、ここでは、もっとも必要な基本のマナーだけをとりあげて紹介した。

招待状を発送する　正しいマナー

披露宴《ひろうえん》の招待状は、式当日の2か月前までに招待客に発送するのが常識だ。

出欠の返事は、披露宴当日の1か月前までに返送してもらうようにしよう。結婚式場などには、招待状の作成もセットされている場合があるが、自分たちでつくるなら、印刷などは1か月前から発注する用意をしよう。パソコンでカードを手づくりするのも、個性ある演出で楽しいもの。

招待者には、いきなり発送するのではなく、結婚がきまったことと、招待状を送ることは前もって話しておき、媒酌人《ばいしゃくにん》と主賓《しゅひん》には、直接うかがって手渡しするのが礼儀だ。

招待状の差出人の名前は、以前は両家の親にするのが一般的だったが、最近は本人たちの名前で出すケースも増えている。

招待したい人が、たまたま喪中だったりした場合、招待状を送っていいか迷うものだが、送っても失礼にはならない。披露宴に出席するかどうかは、招待する側が決めることではなく、相手側が決めることだからだ。

招待状に同封するものは、出欠の返信用はがき。式場の案内と地図。当日、挙式にも招待したい人には、挙式の案内状も忘れずに入れること。

遠方の人を招待する場合

遠方に住んでいる人を招待する場合、交通費、宿泊代などは、招待する側が負担するのがマナーだ。できれば挙式の前に、列車や飛行機の切符を入手して届けてさしあげる心遣《こころづか》いをしよう。招待客が宿泊する場合は、ホテルの予約もしておこう。


交通費を当日手渡す場合は、実費の1・5倍くらいの金額を包んで渡すのが礼儀とされている。招待客によっては、どちらも辞退される人もいる。その場合は、式の当日にお礼を述べるとともに、御車代として交通費を包んで渡すのが礼儀だ。

ごく親しい身内や親友などで、これらの負担を新郎新婦にかけないように配慮してくれる人には、好意に感謝して、後日忘れずにお礼を述べよう。

遠方からの人のなかには、当日、式場で衣装の

着付をしたいという場合もある。招待する側は、相手に黒留袖など和装の着付けが必要かどうかを、事前に確認しておき、式場に手配しておくことも忘れずに。

その費用は招待する側が負担するのが一般的だが、自分たちで支払いたいという招待客には、臨機応変に対応しよう。

引き出物を選ぶマナー

引き出物は、披露宴に出席してくれた客へお礼の意味で贈るもので、式場で用意されたものの中から選ぶのが一般的だ。

実用的なものや食器、インテリア用品などが人気があるようだが、招待客に喜んでもらえるものを選ぶのが一番だ。

持ち帰りやすいように、重くないもの、かさばらないもの、いくつあっても、重宝するものを選ぶことを心がけよう。

最近では、かさばらないし、客が好きなものを選べるので、カタログギフトが人気になってきている。遠方からくる招待客には、とくに便利で喜ばれる。

式場が用意する品物ではありきたりだからと、新郎新婦が二人でオリジナリティあふれるものを選ぶケースも増えている。

ただし、若い二人が自分たちの趣味を優先して選んだもので、凝《こ》り過ぎていたり、使いづらいものではいけない。

招待客のなかには年配の人もいるので、年齢層も配慮しよう。自分たちの好みより、招待客のことを考えることが大切だ。

金額の目安は、披露宴の飲食費の3割から半額程度が一般的といわれている。

披露宴に招待できなかった人から結婚祝いをもらったら

披露宴に出席できなかった人や、招待しなかった人から結婚祝いをもらった場合は、お返しの品物を結婚内祝いとして贈ろう。

いただいたお祝い品の半額程度の金額が目安だ。表書きは「内祝」として、新郎新婦の二人の名前を書くか、姓だけを書く。挙式から1か月以内に贈ることを心がけて。

ご祝儀を渡すマナー

挙式当日は、式場係や美容師、介添え人など、お世話になるスタッフへのご祝儀を忘れないこと。式場係の人には、挙式前に打ちあわせをするときなどに渡す。介添え人には挙式前、挨拶をするときに渡す。美容師には、美容をはじめる前に、新婦の母親から渡すのが一般的。

金額の目安は、いずれも3000円から5000円くらい。

受付や司会、撮影係などを友人に頼んだ場合は、基本的にはお金でのお礼はしなくてよい。後日、食事に招待するとか、新婚旅行のお土産を渡すなどしてお礼をするとよい。

媒酌人と主賓には、披露宴がすんだらお礼を述べるとともに、式場を出るところまで見送り、御車代として5千円から1万円を渡す。

媒酌人への謝礼のマナー

新郎新婦にとって、媒酌人になってくれた夫妻は、挙式後もお世話になることが多く、長く親しく付き合っていくのが礼儀である。まずは、挙式後の謝礼を欠かさないようにしよう。

いままでは、挙式が終わったら、2～3日のうちに両家の親が媒酌人の家を訪問して謝礼をわたすのが礼儀とされてきた。しかし、新郎新婦のほうが媒酌人と親しい場合は、二人が訪問してもよい。

また、最近では、媒酌人も多忙だったり、遠方の人であったりするので、挙式当日に式の後に謝礼を渡すようになってきている。

謝礼は両家で半額ずつ負担し、金額は、結納から挙式までお世話になった場合は、結納金の2～3割くらい、挙式だけお世話になった場合は結納金の1～2割がふつうとされている。

媒酌人、また仲人夫妻には、年賀状や暑中見舞いなどの挨拶状はもちろんのこと、お中元、お歳暮も忘れずに贈ろう。子供が生まれたときなども、すぐに報告し、後日子供をつれて訪問するなどして、お付き合いを大切にしたい。

媒酌人はかならずたてるべきか？

最近の若い人たちは、従来の形式的な結婚式を嫌い、自分たちでプランをたてて個性的な結婚式を挙げるケースも増えてきた。会場も、ホテルや結婚式場にこだわらず、レストランや、船上、ライブハウスなどさまざま。

こうした個性的な式の場合は、媒酌人はたてずに、家族や友人たちの前で誓いをたてる人前結婚が多い。

媒酌人を必要としないのは、人前結婚の場合だけで、神前や仏前の場合は、基本的に必要だ。神前式、仏前式に決めたら、できるだけ早く媒酌人を選んで依頼にうかがうことだ。

仲人を依頼するマナー

仲人には、その役目によって基本的に3タイプある。

①本仲人＝見合いから結納、挙式、披露宴まですべての世話をする。

②下仲人＝見合いから結納までの世話をする。

③頼まれ仲人＝挙式、披露宴の媒酌人だけをする。

最近の恋愛結婚などの場合では、仲人を立てずに結納から挙式までおこなうケースも増えているが、仲人は、一生のお付き合いとなり、若い新郎新婦にとっては、なにかと相談相手になってくれる存在なので、大切に考えたい。

依頼する人物は、二人が日ごろからお世話になっている人で、人生の先輩として尊敬できる人を選ぶ。一般に、会社の上司か学生時代の恩師が多い。

依頼する人が決まったら、まず手紙か電話でその旨《むね》を伝え、引き受けてもらうかどうかは、十分に考えてもらうためにその場での返事は求めない。

仲人を引き受けてもらえることになったら、直接訪問して、正式に依頼する。結納から挙式まですべてを依頼するのか、挙式のときの媒酌人だけか、はっきりさせておくこと。

訪問日はとくに吉日にこだわる必要はない。新郎新婦の二人はもちろん、両家の親も出向いたほうがいいが、どちらかの親だけでもかまわない。

海外で式をあげる場合

近頃では、海外で結婚式をあげるケースも、人気が高まっている。ハワイ、グアムなどのほか、ヨーロッパの古城などで挙げるハネムーンツアーもある。

外国の教会で挙式するには、個人的におこなうのは手続きがかなり面倒だ。一般的には、旅行会社が主催しているウエディングツアーを利用するのが便利だ。

煩雑な手続きも旅行会社がしてくれるし、費用も比較的に安くすむ。ただし、海外の教会では、質素で簡単な挙式が多いので、華やかなイメージを抱いていると、期待はずれに感じることもある。

また、貸衣装の用意がない国もあるので、その点、事前によくチェックしておこう。

結婚式の招待状の返事はできるだけ早く出す

結婚式や披露宴に招待されたら、招待状の返事はできるだけ早く出すこと。1週間以内に出すのが礼儀だ。

返事のはがきは毛筆か黒ペンで書き、グレーやブルーのインクや薄墨《うすずみ》は、弔辞《ちようじ》の場合に使うので、慶事《けいじ》には使わないこと。

「御出席」「御欠席」の「御」、「御住所」「御芳名」の「御」を2本の斜線で消すのは常識中の常識で、いまさら説明するまでもないが、必要事項を書きこむだけではなく、余白にひと言添えよう。

出席する場合は、「ご結婚おめでとうございま

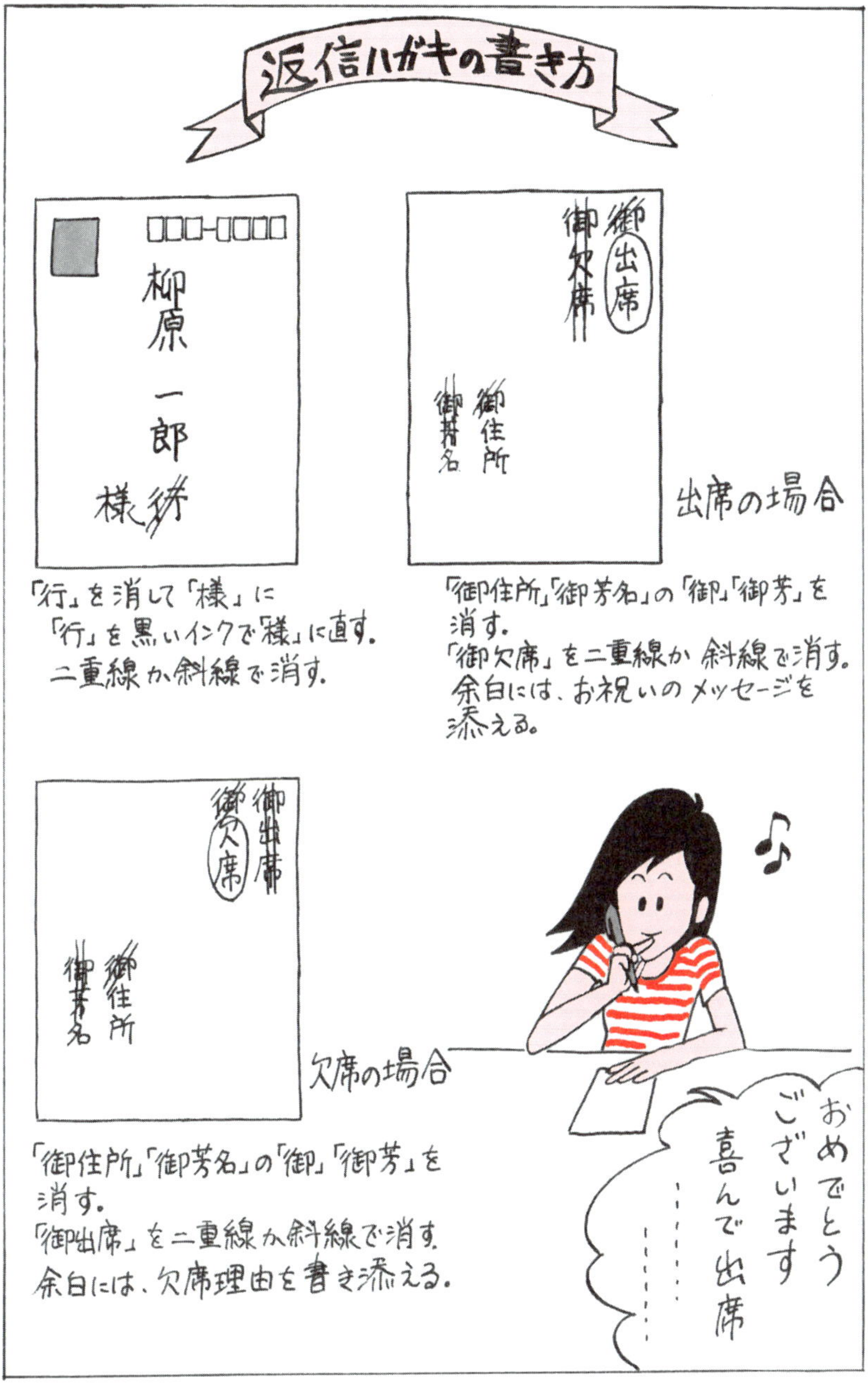
返信ハガキの書き方
柳原一郎 様 行
「行」を消して「様」に
「行」を黒いインクで「様」に直す。
二重線か斜線で消す。
御出席
御欠席
御住所
御芳名
出席の場合
「御住所」「御芳名」の「御」「御芳」を消す。
「御欠席」を二重線か斜線で消す。
余白には、お祝いのメッセージを添える。
御出席
御欠席
御住所
御芳名
欠席の場合
「御住所」「御芳名」の「御」「御芳」を消す。
「御出席」を二重線か斜線で消す。
余白には、欠席理由を書き添える。
おめでとうございます
喜んで出席
……

す。お招きいただきありがとうございます。慶《よろこ》んで出席させていただきます」といったひと言を書く。

欠席の場合は、「まことに残念なのですが、あいにくその日はどうしてもはずせない先約があり……」などと、簡単な理由とお詫《わ》びを書く。

この場合もお祝いの言葉は添えるように。欠席の理由は、縁起のよくないことは書かない。たとえば、身内の不幸と重なった場合などは、理由をはっきり書かずに、遠まわしに書くこと。

欠席する場合は、お祝い品を届けたり、挙式に祝電を打つなどの心遣いを忘れずにしよう。

披露宴に出席できなくなったら

披露宴に出席するつもりでいたのに、急に出られなくなった場合、わかった時点ですぐに主催者に連絡すること。そのまま放っておいては、大変失礼だ。

当日になっての欠席は、できるだけしないことだが、やむをえない場合は、披露宴会場のほうにも一報を入れること。

かわりに誰かに行かせようとする人がいるが、勝手に代理人を立ててはいけない。主催者側に欠席の連絡をしたとき、代理人をたてるよう頼まれた場合のみたてられる。その場合、代理人は家族の者に限る。

お祝い金を贈るマナー

結婚のお祝いを現金にするか、品物にするかは迷うところだが、最近では、現金のほうが、自分の気に入ったものが買えるので、贈られる側にも重宝がられているようだ。

　金額は、新郎新婦との関係によって変わってくる。親族で、自分の兄弟なら5～10万円、甥《おい》や姪《めい》で5万円、いとこや親戚なら3～5万円がいまの相場といわれている。

　職場の部下で後輩なら、3～5万円。ただし、自分の肩書きがかなり上のポストなら、多めにする。若い人が同僚や友人に贈るのなら、2～3万円といったところが相場のようだ。ただし、金額は、地方によっても異なるし、贈る人の社会的地位、立場など、ケースバイケースで変わってくるので、いちがいにはいえない。

　以前は、お祝い金は偶数はタブーとされてきた。割り切れる偶数は「別れる」に通じるから縁起が悪いとされてきたからだ。

　また、偶数は古代中国で陰の数字として、弔事に使われてきたからともいわれる。

　そこで、2万円などは包んではいけなかった。2万円にするときは、5千円を2枚と1万円を1枚入れて3枚にする必要があった。

　ただし最近では、偶数を縁起が悪いとする考えがなくなってきて、2は「ペア」を、8は「末広がり」を意味するので、2、6、8などの数は問題なくなってきている。最近では、1万円札2枚を入れるほうがいいともいわれる。

　けれど、4と9は「死」と「苦」を意味するので、いまでも避けるのがマナーだ。

　お祝い金をわたす時期だが、かつては、挙式の1週間前までにわたすのが正しいとされていたが、今は、披露宴当日に受付にわたすのでかまわない。

会費制パーティーに お祝い金はいる？

　最近では、若い人たちの間では、合理的な考えからか、披露宴が会費制のパーティーという場合が増えているようだ。

この場合、招待客は会費以外のお祝い金を包む必要はない。会費以外にも、ぜひお祝いを贈りたいというときは、前もって品物か現金を贈るようにする。

パーティーの当日に一人だけお祝い金をわたすのは、他の招待客にも気をつかわせることになるので、マナー違反だ。

当日、お祝い金をわたそうと思うなら、他の客とも相談して、何人かでまとめて贈るようにしよう。

品物を贈るマナー

お祝い品を贈る場合は、新郎新婦の希望を聞いてからにしよう。ほかからの贈り物とダブってしまうことがあるからだ。

お祝い品は式の前に、遅くても1週間前には届けておくのがよい。

家電品のように大きなものは、目録をわたす。

以前は、お祝い品にもタブーの品があったが、いまは本人の希望を優先するので、あまり気にしないようになってきた。一応、タブーとされているものをあげると、

- **はさみ、ナイフ、包丁などの刃物類。**「縁切り」をイメージするから。
- **ガラス製品、鏡。**「割れる」「こわれる」をイメージするから。
- **ハンカチ、シーツなど真っ白いもの。**弔事に使うから。
- **お茶。**弔事に使うから。ただし、地方によっては慶事にも使われることもある。

品物の個数も、4と9はさける。2、6、12はペア、半ダース、1ダースととらえるので、オーケーだ。

のし袋のマナー
・水引の結び方
〈結び切り〉
・弔事
・結婚祝い用
真結び
あわじ結び
〈蝶結び〉（何度も繰り返してよいもの）
?
・出産祝い
・入学祝い
・開店祝い
など
・のし袋の裏の折り方
慶事
弔事

披露宴に招待されていない人がお祝いを贈るとき

披露宴に招待されるほど親しくはないが、お祝いの気持ちを贈りたいというときは、現金よりも、品物を贈るほうがいい。

金額の目安は、披露宴に招待されたときの半額くらいとおぼえておこう。あまり高価なものを贈っても、相手に負担になる。

品物は、式の2〜1週間前に届くように贈ること。

あまり早く贈っても、披露宴に招待して欲しいと催促《さいそく》しているように思われかねない。

それほど親しくない人なら、お祝いのカードだけでも失礼にはならない。

むしろ、そのほうが、贈られる側の負担が少なくていい場合もある。

仲人を依頼されたときのマナー

仲人の務めは厄介《やっかい》なことが多く、決して楽な役目ではない。仲人を依頼されたら、気軽な気持ちで安易に引き受けるのではなく、夫婦で慎重に検討しよう。荷が重いと思ったら、丁寧にことわるほうが無難だろう。

依頼を引き受けたら、本仲人、下仲人の場合は、縁談の仲介からはじめるので、相手探しからおこなう。

頼まれ仲人の場合は、披露宴の媒酌人の挨拶文をつくったり、新郎新婦と打ち合わせをしたり、挙式前は何かと忙しくなる。

結納がすんで正式に婚約が成立したら、新郎新婦に挙式の1か月前から遅くとも1週間前までに、仲人としてのお祝いを贈る。品物でも現金でもかまわないが、現金の場合、金額の目安は、披露宴に招かれた費用の2人分に少し上のせする。

以前は、両家をたずねてわたすのが正式なマナーとされていたが、いまは本人に贈ることが多くなった。

挙式当日の衣装は、新郎新婦、両家の両親と格を合わせるのがマナー。新郎新婦がモーニングとウェディングドレスの正装なら、媒酌人も男性はモーニング、女性は五つ紋の黒留袖の正装にする。

媒酌人は、挙式当日はあくまで主催者側の立場に立つのが礼儀だ。招待客に対しては、「御出席いただきありがとうございます」という挨拶をする。主賓や乾杯《かんぱい》の音頭を取ってもらう人には、前もって挨拶することを忘れないように。

媒酌人夫人は、新婦のめんどうを見るのが、当日の大切な役目だ。挙式当日の新婦は、緊張のあまり、気分を悪くしたり、体調をくずすこともあるので、新婦の様子を常に気にかけてあげること。そして、新婦の気持ちをリラックスさせるように気を配ろう。

結婚後も、仲人のもとには新郎新婦やその両家からお中元、お歳暮などの贈り物がある。これらの贈り物に対しては、基本的には返礼は必要ない。

しかし、いつまでもお中元やお歳暮をもらっているのは、両家に負担をかけることになる。

「仲人3年」という言葉があるように、3年目をめどに「お気遣いなく」と丁寧に辞退する心遣いをすることも必要だ。

披露宴の招待状の返事はメールでもいい？

結婚披露宴の招待状をもらったら、1週間以内に返事を出すのが礼儀だと前に書いたが、出さずに2週間以上たってしまった。早く出欠を知らせたほうがいいと思い、メールで返事を出すのはO

Kだろうか?

最近では、パソコンのメール送信が日常的になってきた。

だから、メールで返事を送るのは、急ぎなのでとりあえずはかまわないが、これだけで返事のはがきを出さないのはよくない。

招待客の出欠がわかる返信はがきは、新郎新婦側には、出席者のリストづくりの元になる。はがきが届かずメールや電話で返事をされると、リストの整理が混乱する。

招待状をいただいたら、取り急ぎメールで返事を出しても、返信はがきも時間をおかずに必ず出すのが基本だ。新郎新婦側は、この返信はがきがそろったところで、料理や引き出物の数を決められるからだ。

招待状の返信はがきには、大切な役割があるのだと、覚えておこう。

披露宴の出欠が期日までに決まらないときの返事は?

披露宴の招待状をいただいたが、その日のスケジュールが、もっと先にならないとわからないというとき、どう返事すればいいだろうか。

できるだけ出席したいと思うなら、招待側に正直に相談しよう。そして、当日の1週間前までに返事をすればいいというような、期日をきめておこう。先方と相談の上なら失礼には当たらない。

その期日になってもまだ予定がわからないときは、欠席の返事を出すしかない。出席のつもりが当日になって欠席になると、先方に迷惑をかけることになる。ここは、残念だが欠席にするほうがいい。

大切な仕事でやむをえない事情があったとしても、披露宴の当日ぎりぎりまで出欠の返事を待たせるのは、披露宴の席を変更しなくてはならなくなったりして、先方に迷惑になる。

遠方から出席して交通費がかなりかかるときのお祝い金は？

遠方の披露宴に招待された場合、飛行機代や新幹線代などの往復の交通費は、かなりの出費になる。お祝い金より高額になる場合もある。ホテルに宿泊しなくてはならないと、ホテル代もばかにならない。

招待側が交通費やホテル代を負担してくれる場合もあるが、これもケースバイケースだ。

出席者本人が交通費もホテル代も負担する場合は、お祝い金を通常より少し少なくしてもかまわない。

ただし、お祝い金を少なくしたのに、帰りに「お車代」として交通費を渡されることもある。このときは、後日、礼状と気持ち程度のお祝いの品を贈るといい。

再婚の場合のお祝い金は少なくていい？

最近では、若い人でも離婚する夫婦が増え、再婚の結婚式をあげる場合も多くなった。同じ人の結婚式に、何年もたたずに2回招待されることもある。

そんなとき、二度目だからお祝い金は少なくてもいいのでは？　と思いがちだが、披露宴に招待されたなら、一度目と変わらず、お祝い金は通常の金額を渡すのが礼儀だ。

二度目であっても、お祝いに変わりはないので、通常通りに祝うのがマナー。

披露宴の出席者のなかには、再婚であることを知らない人もいることもある。披露宴の席では、結婚する当人が再婚であることは、口にしないように気を配ることも大切だ。

目上の方を披露宴に招待せず、二次会だけに呼ぶのはいいか？

会社の上司など、目上の人を、披露宴には招待できなかったので、二次会だけに呼ぶのは失礼だろうか。

披露宴に招待したくても、人数に制限があるので、披露宴に招待できなかった人を二次会に呼ぶことがある。

ふつうは、二次会は親しい友人を呼んで開くもので、かなりプライベートな会になる。このような会に会社の上司や仕事関係の目上の人を呼ぶのは、避けたほうがいい。

仕事関係の人で、披露宴に招待できなかった人が大勢いるときは、その人たちを呼んで別にパーティーを開くという方法もある。

その場合、挙式前に、結婚報告ということでパーティーを開けば、呼ばれた人は、披露宴に招待されなくても、喜んでくれるはずだ。

披露宴に招待していない人から祝電をもらったら、お返しは？

披露宴に招待していない人から、披露宴の当日、祝電をいただいたら、お返しはどのようにしたらいいだろうか？

とくに祝電をくれた人が、目上の人や取引先の大事な人の場合、なんらかのお返しをしないと、失礼になるのではないだろうか？

いただいたのが祝電だけなら、とくにお返しをしなくても失礼にはならない。ただし、礼状を書くことが大切だ。目上の人や取引先の人でも、礼状を忘れなければ、マナー違反にはならない。

結婚式や新婚旅行が終わってから、手紙かはがきでお礼を述べよう。結婚通知はがきに、お礼の言葉をひと言添えるのでもいい。

ただし、祝電のほかに、お祝い金や贈り物をいただいた場合は、内祝いとしてお返しをする必要がある。そのときの金額の目安は、いただいたお祝いの半額程度が相場といわれている。品物は、タオルのセットや、引き出物で扱う商品などがいいだろう。

2章

知らないと恥をかく
葬儀のマナー

葬儀のマナー　これだけは知っておこう

●故人との最後のお別れの日は、故人にふさわしい式にしたいもの。心をこめて哀悼《あいとう》の意をあらわすことが大切だ。

葬儀はとくに、宗教や宗派によってしきたりが異なる。それぞれの宗教に応じた正しい葬儀のマナーをこころがけよう。

また、最近では、従来の形式にのっとった葬儀ではなく、ホテルでのパーティーなど、偲《しの》ぶ会や、故人の希望する個性的な葬儀や、生前葬、散骨、無宗教葬などの形も増えつつある。

また、葬儀費用も、葬儀社によってセット料金など格安のものもあり、自治体や公共団体の施設で行えば、安くすませることもできる。

知っておくべきマナーを、ここに紹介しよう。

死亡の通知を受けたらどうする？

親族や親しかった友人などの死亡通知を受けたら、できるだけ早く駆けつけ、遺族を見舞い、手伝いを申し出るようにしよう。

近親者の場合は、通夜、告別式、葬儀のすべてに出席するのが礼儀。遠方にいて駆けつけられないときは、弔電《ちょうでん》を打って、遺族にお悔《く》やみの言葉を伝え、葬儀か告別式に出席する。

どちらにも出席できない場合は、代理をたてるか、香典をそえたお悔やみの手紙を出すように。

身内など、どちらも大切な人の結婚式と葬儀が重なった場合、当人との親しさや自分の気持ちにもよるが、葬儀を優先させたいもの。故人との別れの儀式は一度だけだからだ。

この場合、あとで、披露宴に欠席したお詫《わ》びをするが、不幸があったからと伝えてはいけない。「やむをえない事情で」と、あいまいな理由にするのが礼儀。

香典の正しいマナー

香典は、通夜か告別式のどちらかに持っていく。通夜に持参したら、告別式に持っていく必要はない。

金額は地方によっても違い、故人との間柄、自分の社会的地位、年齢などによっても異なってくるので、いちがいにはいえないが、おおよその目安があるので、次にあげよう。

●兄弟姉妹＝5千円～3万円
●祖父母＝5千円～1万円
●勤務先の上司＝5千円～3万円
●取引先関係＝5千円～3万円
●おじ・おば＝1万円
●友人・知人＝5千円～3万円
●親戚＝5千円～1万円

香典には古いお札を使う習慣がある。新札を包むと、わざわざこの日のために用意したみたいで失礼になるからだ。

不祝儀袋の正しいマナー

香典を包む不祝儀袋は、宗教によって表書きが違うので気をつけたい。

●仏式＝「御香料」「御香典」「御霊前」とする。よく迷うのが、「御仏前」としてもいいかどうかだが、これは仏式で四十九日を過ぎてから用いるもの。四十九日までは「御霊前」と使いわける。「御香典」はいつでも使える。

●神式＝「御玉串料」「御榊料」「御神饌料」「御

霊前」とする。

●キリスト教式＝十字架と花が印刷され、水引《みずひき》のない不祝儀袋をもちいる。

「御花料」とするが、カトリックでは「御ミサ料」とすることもある。

不祝儀袋の表書きは、以前は薄墨で書くのが礼儀で、黒色のインクはタブーとされていたが、いまは、黒の筆ペンやインクの場合も多くなってきている。

通夜での正しいマナー

通夜は本来、遺族や親族、親しかった友人などが、夜を徹して故人と別れをする儀式。

仕事上のつきあいなどの人では、通夜ではなく、葬儀、告別式に出席するのがマナーとされていたが、最近では、通夜に出席する人の範囲もひろがってきた。

葬儀に出られない場合、通夜に出席することもよしとされるようになった。

通夜に参列するときの服装は、以前は喪服は着ないものとされていたが、最近では、葬儀、告別式のかわりに出席する人も多くなっているので、通夜でも、喪服でかまわなくなってきた。

本来は、地味な服装で、女性は、スーツやワンピース。男性は略式の喪服であるブラックスーツ

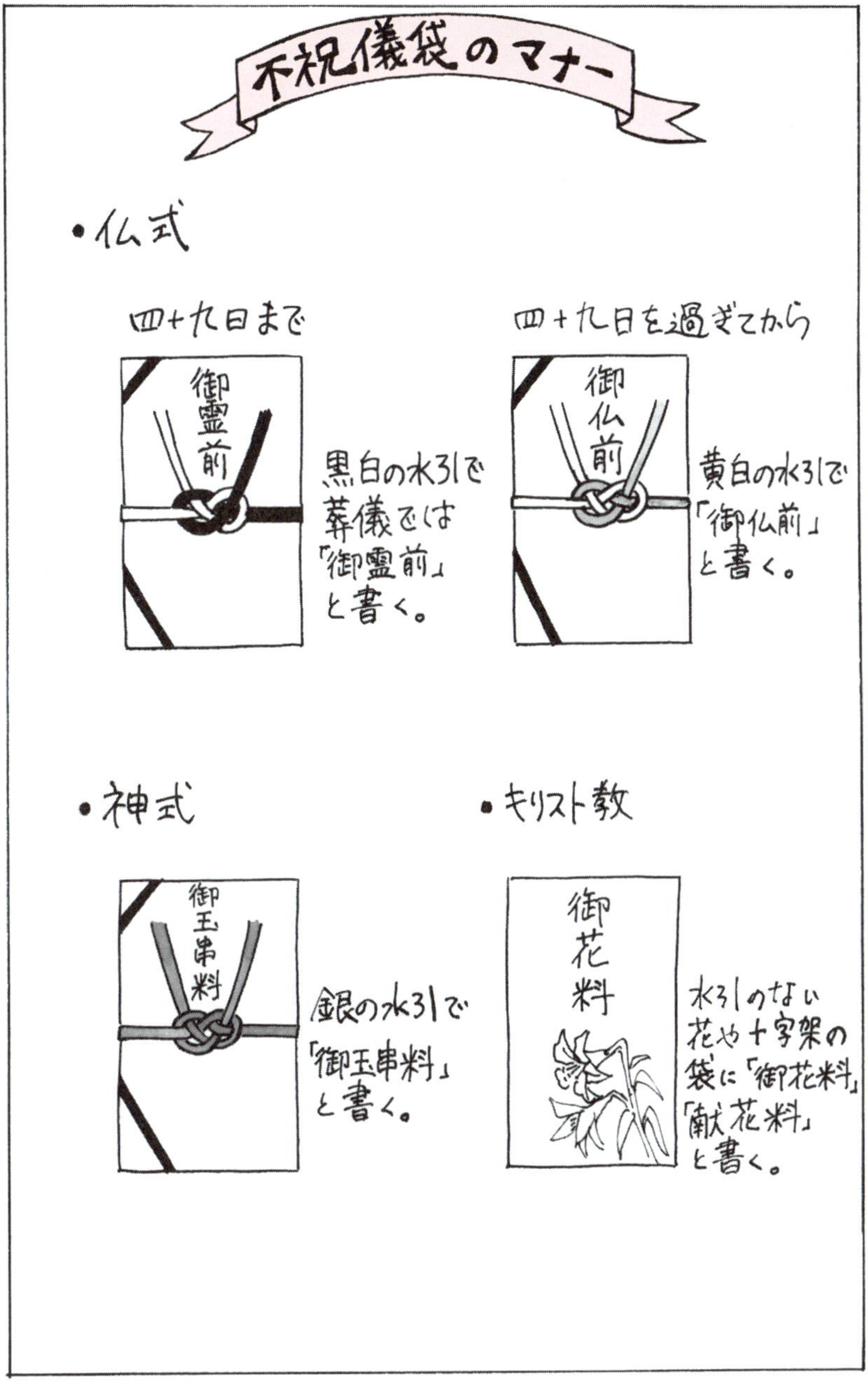
不祝儀袋のマナー
•仏式
四十九日まで
御霊前
黒白の水引で
葬儀では
「御霊前」
と書く。
四十九日を過ぎてから
御仏前
黄白の水引で
「御仏前」
と書く。
•神式
御玉串料
銀の水引で
「御玉串料」
と書く。
•キリスト教
御花料
水引のない
花や十字架の
袋に「御花料」
「献花料」
と書く。

かダークスーツが多い。

通夜が終わると、仏式の場合、お酒や簡単な食事でもてなされる「通夜ぶるまい」がある。故人をしのんで食事をする席なので、遺族にすすめられたら、辞退せずに席についたほうが失礼にならない。

ただし、大声で会話したり、笑い声をたてたりするのはタブー。遺族の気持ちを第一に思いやり、故人の思い出をしみじみと語り合うのが礼儀。

長居は禁物。退出するとき遺族が取り込んでいるようだったら、挨拶はしないで引き上げてもかまわない。

会葬での正しいマナー

葬儀というと、仏式が一番多くおこなわれるので、ここでは仏式についてふれておこう。


葬儀と告別式を同じものととらえている人も多いが、本来は別々におこなわれるもの。

葬儀は遺族や近親者が故人と別れ、成仏を願う儀式。告別式は、一般参列者が故人に別れを告げる儀式。

葬儀のあとに告別式をおこなう場合が多いが、最近ではその区別があいまいになってきているので、一般参列者が葬儀から出席してもかまわない。

会葬者は正式な喪服を着るのがマナーだが、最近では、地味な服装なら喪服でなくてもよくなっている。

告別式に参列したら、やむをえない場合をのぞき、出棺を見送るのがマナーだ。出棺のときは、黙祷《もくとう》、合掌《がっしょう》をして静かに見送る。

このとき、天候や健康状態が許せば、コート類や、マフラー、ショール類は脱いで手に持つのが礼儀。

出棺後、火葬場にいくのを遺族から求められた

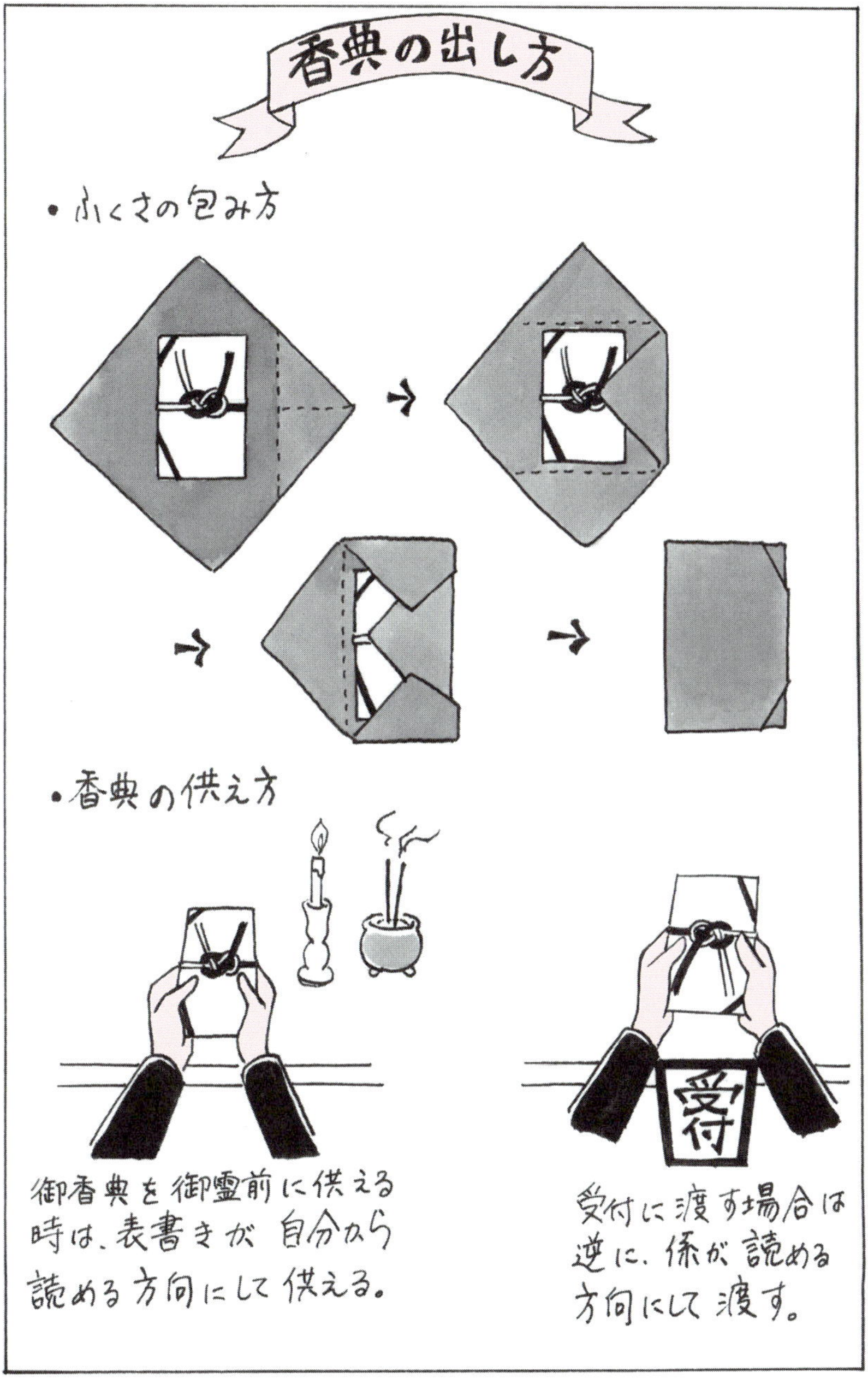
香典の出し方
・ふくさの包み方
・香典の供え方
受付
御香典を御霊前に供える時は、表書きが自分から読める方向にして供える。
受付に渡す場合は逆に、係が読める方向にして渡す。

ら、できる限り同行する。近親者でないのに、火葬場にいくのを自分から申し出るのは遠慮しよう。

お悔やみの言葉のマナー

受付で香典を差し出すとき、式場で遺族と対面したとき、お悔やみの言葉をかけるが、何と言っていいのか、迷う人は多いだろう。

お悔やみの言葉は少ないのがいちばんだ。気のきいた言葉を言おうとする必要はいっさいない。「このたびはご愁傷《しゅうしょう》さまです」で十分だ。

「どうもこのたびは…」と途中で言葉を切って一礼するのでもいい。こんなあいまいな言い方が、かえっていちばん失礼にならなかったりする。

会葬者のほうから、遺族の前にわざわざ挨拶に出向くのは、遠慮しよう。

通夜・葬儀に参列できなかった場合

どうしても、やむをえない事情で通夜にも葬儀にも参列できなかった場合や、不幸を遅れて知った場合は、あらためてお悔やみにうかがう。葬儀のあと、初七日までは遠慮するが、四十九日までには弔問したい。

その際は供物か香典を持参し、焼香のあとにそなえるとよい。

神式、キリスト教式で気をつけたいこと

神式の場合は「葬儀祭」に参列する。玉串奉奠《たまぐしほうてん》をおこなう。キリスト教では、聖書朗読、讃美歌斉唱、祈祷などの礼拝をおこない、献花をする。

神式・キリスト教式の葬儀のマナー
・神式〈玉串奉奠〉
①玉串を受けたら、案（玉串を置く台）の前に進み、玉串をおしいただく。
②根本を手前にして、まっすぐに持つ。次に時計回りに回転させて、向きを変える。葉先を手前にして供える。
・キリスト教式〈献花〉
根本を祭壇側に、花を手前に向けて献花台に供える。

いずれの場合も気をつけたいのは、仏式の言葉やマナーを混同しないこと。数珠《じゅず》は仏式の場合のみで、神式、キリスト教式では使わない。「焼香」「成仏」「仏」「冥途《めいど》」などは仏教の言葉なので、使わないように気をつけよう。

香典返しの正しいマナー

香典返しは、仏式の場合三十五日、四十九日の忌明《きあ》けに挨拶状を添えて品物を届けるのが本来だが、宗派によって異なるので、気をつけよう。

最近は、「即日返し」といって、通夜や葬儀の日に会葬者にわたすケースも増えてきた。

香典返しは、「半返し」といわれるように、いただいた香典の3分の1か半額の品物を用意する。お茶、のり、砂糖、ハンカチ、タオルなどが一般的。2~3千円くらいを目安にするとよい。

香典返しをいただいたほうは、お返しも礼状も出さないのがマナーだ。

喪中の正しいマナー

忌明けまでの四十九日を忌中、死後の一年を喪中という。忌中、喪中の時期に、結婚式、落成式などの慶事があった場合、本来は参加しないのが礼儀だったが、現在ではそれほどこだわらなくなってきている。

とくに仕事上の付き合いでは、避けられない慶事も多く、出席しても失礼にはならない。

喪中に新年を迎える場合は、年賀状を出すのは控え、年賀欠礼の挨拶状を遅くとも十一月末までに出しておく。

神社への参拝や正月行事は控えるのがマナーとされてきたが、ケースバイケースで、常識にのっとればよい。

訃報を遅れて知ったときのお悔やみはどうする?

海外赴任中だったり、引越しで住所不明になっていたりなど、何らかの事情で、知人や友人の訃《ふ》報《ほう》を知るのが遅れることもある。大切な知人だったりすると、葬儀に列席できなかったことは、遺族にも失礼なことをしたと、悔やまれる。

遅くなっても、故人を偲び弔意を伝えたいなら、半年や一年たっていても、遺族にお悔やみを伝えることは、失礼にはならない。

その場合、故人の家にうかがい、お参りをするか、お墓参りをして弔意をあらわすとよい。故人の家にうかがう場合は、事前に連絡をして先方の都合を聞いて訪問する。このときは、香典や花などの供物を持参すること。

お墓参りをするときは、遺族に連絡して、お墓参りをすることを伝えて許可をいただいてから、お墓にうかがう。

このときの服装は、喪服ではかえっておかしいが、派手な服装はつつしみ、ダークスーツなどを着るようにしよう。

「ご厚志お断り」の葬儀は本当に香典はいらないの?

葬儀によっては、「故人の遺志により、ご厚志を辞退させていただきます」という旨が、通知状にそえられていることがある。

このような場合、本当に香典も供物も持参しなくていいのだろうか。通知状にそう書いてあっても、持参するのが正式のマナーなのでは？　と、不安になる人もいる。

この場合、故人の遺志によるものなので、本当に香典などは渡さないのが礼儀。

先方のいうとおり、香典も供物も持参しなくてよい。

ただし、「供花、供物の儀は辞退させていただきます」となっていたら、供花、供物は必要ないが、香典は受けつけるということだから、香典を持参しないと、失礼になる。

葬儀の際の通知をよく確認して、間違いのないようにしよう。

親の葬儀でも、子供は香典を出す必要があるの？

自分の親の葬儀では、子供でも香典を出すのがマナーなのだろうか、それとも不要だろうか？

子供がみな独立して一家をかまえている場合、喪主をつとめるかどうかで判断する。

喪主をつとめる子供は香典を出す必要ないが、喪主以外の独立した子供は、香典を出す必要がある。

親と同居している子供で、独立していないなら、香典は出さなくていいが、同居していても独立しているなら、喪主をつとめるかどうかで決める。

一般に、喪主をつとめる子供が、葬儀費用を自分名義で支払うことになるので、香典は当然出さなくていい。

香典は、葬儀費用などの金銭的負担が遺族にかかることを軽減する意味をもつものだ。そのため、喪主は葬儀費用を負担するので、必要ない。葬儀費用を出さない喪主以外の子供は、香典を用意すべきと覚えておこう。

香典を郵送するのは失礼か？

やむをえない事情があって、通夜にも告別式にも列席できなかったときに、香典を郵送するのは、失礼になるだろうか？

このようなときは、郵送してもかまわない。その場合、現金書留で郵送することになるが、まず、不祝儀袋に入れてから、現金書留の封筒に入れること。現金だけを封筒に入れるのは、失礼になる。

お悔やみの言葉をひと言添える気配りが大切で、誠意が伝わるだろう。

葬儀の当日の都合がつかなかっただけなら、香典を郵送しないで、後日、香典を持って故人の家にうかがい、直接遺族に手渡しし、お参りする方法もある。

3章

知らないと恥をかく
祝い事のマナー

出産祝いのマナー これだけは知っておこう

出産祝いの品は、出産後2～3週間後くらいまでに贈るのがマナーだ。

正しくは持参するものといわれてきたが、最近では先方にも負担がかかるので、郵送や宅配のほうがいい場合が多い。

品物は、ベビー服やアルバム、オモチャなどが一般的だが、こうした赤ちゃん用のものはダブりがち。最近では、赤ちゃんができた夫婦にお祝いを贈るという意味で、母親のためのスカーフ、ブラウスや、夫婦で祝杯をあげるワインなどを贈るケースが喜ばれる。

二人目、三人目の出産にも、一人目のときと同様にお祝いを贈るのがマナーだが、何度もお祝いを贈るのが負担になるなら、金額は一人目より少額にしても失礼にはならない。

出産祝いをもらったら

出産祝いをもらったら、生後1か月のお宮参りのころまでに、「内祝い」としてお礼を贈る。「内祝い」は、本来は出産したことを知らせたい相手すべてに贈るもので、出産祝いをいただいた人にだけ贈るお返しではない。

ところが、最近では、出産祝いのお返しの意味合いのほうが強くなってきて、お祝いをいただいた人にだけ贈る傾向になってきた。

品物はかつお節、紅白の砂糖、石鹸、タオル、シーツなどが多い。ほかに、調味料やコーヒーなどでもいい。

金額の目安は、いただいたお祝いの3分の1から半額程度。親しい人には、赤ちゃんの写真に近況報告を添えて贈る心遣いをすると、喜ばれる。

内祝いは、紅白蝶結《ちょうむす》びの水引ののし紙をかけ、表書きは「内祝」とし、水引の下に赤ちゃんの名前を書く。

デパートなどから配達してもらう場合は、別便で、内祝いを送ったことを知らせる手紙を出すようにする。

出産でお世話になった人へのお礼のマナー

出産のときに、お世話になった医師や看護師さん、助産婦さんへのお礼はどうすべきだろうか。

医師や看護師さんはそれが仕事なので、とくにお礼の品物を贈らなくても失礼になることはない。

ただし、出産のときにお世話になった方々には、退院のときに感謝の気持ちを伝えたいと、お礼を差し上げる人が多いようだ。

病院や医師によっては、贈り物はいっさい受け取らないようにしているところもあるので、看護師さんやほかの患者さんなどに聞いておくといい。

そこで、お礼とするより、内祝いとしてわたしたほうが、受け取るほうも受け取りやすい。

贈るものは、現金よりも品物にすること。医師にはお酒、ハンカチなど。商品券も喜ばれる。金額は5千円から1万円くらいが適当だろう。

看護師さんには、お菓子の詰め合わせや果物、

ハンカチなどがいいだろう。3～5千円くらいのものがいい。

子供の入園・入学祝いのマナー

幼稚園の入園祝いや、小学校の入学祝いは、家族や親戚などごく親しい間でするのが一般的で、友人、知人は贈らなくても失礼にはならない。

あまり親しい仲ではないのに贈ると、かえって先方に負担になることもある。

入学祝いは学用品や時計、本などが多いが、ダブってしまうことが多いので、現金や図書券などを贈ると喜ばれる。

入園・入学祝いをいただいた場合、お返しは必要ないとされる。しかし、かならず、お礼を電話か手紙で伝えるのが礼儀。

お祝いをもらった子供本人が、電話に出てお礼を言おう。手紙も、まだ字が書けない子供は別として、かならず、本人にも書かせるようにする。

卒業・就職祝いのマナー

子供が幼稚園、小学校、中学校、高校を卒業するときは、卒業に続いて入学があるので、入学祝いのほうを優先して贈るといいだろう。

卒業・就職祝いは、入園・入学祝いと同様に、身内かごく親しい間でするもので、友人、知人などは贈らなくても失礼ではない。

卒業して、すぐに進学や就職をしない場合に、卒業祝いを贈ったほうがいいかだが、先方の事情によって判断しよう。先方が、入学試験や入社試験がうまくいかなくて進路が決まらず、困っているようなときに贈るのは、かえって失礼になることもある。

本人と親しい間柄で、ぜひ卒業を祝いたい、贈っても嫌味にとられないという場合には、卒業祝いを贈って祝福しよう。

贈る時期は、卒業祝いは3月中に。就職祝いは入社前までに贈るようにする。

金額は相手との親しさの程度や、立場によって違ってくるのでいちがいには言えないが、おおよそ、5千円から1万円が一般的といわれている。

卒業祝いは、腕時計、ペンや手帳、財布などの身の回りの小物や商品券などがいいだろう。

就職祝いは、社会人になってから役立つようなものを。男性なら、ワイシャツ、ネクタイ、腕時計、定期入れなど。女性なら、化粧品やアクセサリー、スカーフなど。

お祝いをいただいたら、お返しは必要ないが、いただいた本人からのお礼の手紙か挨拶は忘れないこと。

就職のお世話をしてくれた人へのお礼は、品物を贈りつけるのではなく、本人が直接うかがってお礼を述べるのがマナーだ。

たとえば、初めて給料をもらったときに、そのなかから先方に喜ばれるものを無理のない範囲で買い、持参して近況報告するのもいいだろう。

長寿のお祝いのマナー

以前は、日本の古いしきたり通り、正月ごとに歳を数える数え年の誕生日にするのが常識だったが、いまでは、満年齢で祝うことが多い。ただし、還暦《かんれき》だけは数え年でお祝いする。

長寿のお祝いには次のようなものがある。

・還暦＝数え61歳のお祝い。このお祝いの日は、本人が赤ちゃんに戻るという意味で、魔よけの色でもある赤色のちゃんちゃんこ、頭巾、座布団を贈るしきたりがあった。

しかし、いまの60歳は、長寿というにはまだ早すぎる年齢だ。お祝いや贈り物をするのは、年寄り扱いされたくない本人には失礼になることが多い。

・古希＝70歳のお祝い。現代では、この歳ではまだ年寄り扱いされたくない人が多い。

・喜寿＝77歳のお祝い。「喜」の字の草書体が七十七に見えることから。現代では、この歳から本格的な長寿の祝いをするケースが多い。

・傘寿＝80歳のお祝い。「傘」の略字が八十に見えることから。

・米寿＝88歳のお祝い。「米」の字が八十八からできていることから。

・卒寿＝90歳のお祝い。「卒」の略字が九十に見えることから。

・白寿＝99歳のお祝い。「百」の字の上から「一」を取ると「白」になることから。

長寿の贈り物は、とくに決まりはない。還暦ではまだお祝いされたくない人も多いので、古希くらいから贈るのがいいだろう。

品物は趣味に関するものや、おしゃれ・ファッションに関するものなど。現金でも喜ばれる。いかにも年寄りじみたものや、地味なものより、若々しいもののほうがいいだろう。

祝ってもらう側は、お祝いのお返しはとくに必要ないが、身内以外の人を呼んで大きなパーティーなどを開いたときは、引き出物にふろしきなどを用意することが多いようだ。

新築祝いの正しいマナー

新築祝いは、本来は家を新築した側が新築披露をしたときに、招かれた人だけが贈るものだったが、忙しい現代では、新築披露をしないことも多い。

入学・卒業祝いの品
・入園・入学の祝い
図書カード
ありがとー！
えほん
・卒業・就職祝い

お祝い品を贈るときは、住宅に関するタブーがあるので気をつけること。

品物では、火に関するもので、ライター、灰皿、ストーブなどはタブー。

手紙を添えるときは、こわれる、落ちる、つぶれる、くずれる、失う、傾く、流れる、燃える、焼ける、火、煙、炎などの言葉は使わないようにする。

お祝い品は、インテリア用品や装飾品などが多いが、これらの物は好みがあるので、先方に欲しい物をたずねて贈るといい。

新築祝いをいただいたら、お返しは新築披露に招いた人には原則として必要ないが、招かなかった人には、いただいた品物の3分の1から半額のお返しをするのが一般的といわれてきた。

ただし、これもケースバイケースで、品物のお返しはしないで、お礼状を出すだけでも失礼にはならない。

開店・開業のお祝いのマナー

開店・開業をするときは、お祝いのパーティーを開いて親しい人や、取引先の人、お世話になったり、協力していただいた人を招き、今後の援助や協力をあおぐ。パーティーは、できるだけ景気よく大勢の人にきてもらえるようにする。

招かれたら、お祝いの品として、お酒、花輪、縁起物の置物などを贈るのがこれまでの習慣だったが、お店や事務所の雰囲気にふさわしいものであることが大事。親しい人なら、何が欲しいか聞いてから贈るほうがいい。現金を包むのでもよい。

このときも、新築祝い同様、火に関する灰皿、ライターなどの品物はタブー。

招待客には、開店開業を記念する引き出物を贈

る。お祝いの品物をいただいた方へのお返しとしても、これで十分。店名や電話番号が入った実用的な品物が多い。

出産祝いを贈るタイミングを逃がしたらどうする?

前の項目で、出産祝いは、出産後2~3週間後までに贈るのがマナーと書いたが、つい、贈るタイミングを逃がしてしまった、ということもある。お祝いを贈りたいという気持ちがあれば、数か月や半年くらい遅れても、贈れば喜んでもらえるはずだ。

その際は、お祝いが遅れた事情をひと言書き添えて贈るといい。

反対に、出産祝いをいただいたのに、内祝いを贈るタイミングを逃がすこともある。内祝いは、生後1か月のお宮参りのころまでに贈るとされているが、このとき贈り忘れた人には、1年後にお返しをしてもいいだろう。

1歳の誕生日の内祝いとしてお返しをし、子供の近況報告をすれば喜ばれる。

出産と不幸が重なったらお祝いはどうする?

友人が出産したのでお祝いを贈ろうと思ってい

たら、すぐに先方の身内に不幸が重なったという場合、出産祝いは贈ってもいいのだろうか？

友人の身内に不幸があっても、出産は親にとっては最大の喜びごと。お祝いを贈っても失礼にはならない。

贈りものと一緒に、不幸があったが、子供には一生に一度のことなので、贈る旨を、ひと言書き添えるようにしよう。先方も喜んでくれるはずだ。

ただし、贈るのは、四十九日の喪が明けてからがいいだろう。赤ちゃん誕生の贈り物をいただくことは、親にとってはうれしいことだ。決して非常識などとは思われるようなことはない。

受験に失敗した子供に入学祝いは贈るの？

親戚の子供が受験に失敗して、第一志望の学校に落ちて、他の学校に入学することになった。

こんなとき、入学祝いを贈るのは、子供にとったら、かえって傷つくことかもしれないと思うが、どうしたらいいだろうか？

このような場合は、入学祝いはやめて卒業祝いにしたほうが、もらう子供もきづまりではないだろう。

金額は5千円～1万円が相場。品物を贈る場合は、本人に希望を聞いてみるのもいい。励ましの意味をこめた贈り物になる。

お年玉をあげるのは何歳までが常識なの？

お年玉も親戚に子供が多いと、毎年かなりの出費になる。いったい、何歳まで子供にお年玉をあげるべきなのだろうと、正月のたびに思うこともあるだろう。

お年玉は、各家庭でそれぞれの考え方があるからいちがいには言えないが、高校生くらいまでだろうといわれる。

大学生になれば、アルバイトなどで自分で報酬を得るようになるし、20歳になれば一人前の大人なのだから、お年玉をあげる年齢ではないと考えていいだろう。

親戚が多く、それぞれに子供がたくさんいる場合は、親同士で相談して、お年玉の金額やいつやめるかなどを決めるのもいいだろう。親同士で相談すれば、子供も納得してくれるはずだ。

4章

知らないと恥をかく お付き合いのマナー

お中元・お歳暮のマナー これだけは知っておこう

お中元、お歳暮は虚礼《きょれい》だから廃止すべきだという意見もあるが、日ごろお世話になっている人に、そのつどなにかお礼をするより、盆暮れを利用してお礼をまとめてするほうが、贈るほうも、贈られるほうもめんどうでなくて便利という考え方もある。

1年の挨拶をまとめて1回でするのなら、お中元ではなく、お歳暮だけにする。お中元だけというのはおかしい。

お中元の時期は、6月末から7月15日までが一般的。この時期を過ぎてしまったら、暑中見舞いとして贈る。

お歳暮の時期は12月の初めから15日ころまでに贈るのが一般的といわれている。

何を贈るかは、相手の家庭を考えて選ぶが、それほど親しくない相手なら、使い切ってしまうものや、実用品がいい。

食べ物などでは、毎年同じものを贈るという方法もいい。毎年のことになると、相手が、そろそろいつもの食べ物が贈られてくるだろうと、心待ちにするようになる。

お中元、お歳暮をいただいたら、お返しはしなくていいが、お礼状はできるだけ早く出すこと。お返しをしないということが、こころよく受け取ったという意味になる。

金額は3000円から5000円が相場といわれている。

あるデパートの調査によると、平均4400円だとか。

品物は1位がカンビールの詰め合わせ。2位がパスタ、乾麺。3位が調味料という。

病気見舞いの正しいマナー

病気見舞いは、病人の気持ちや病状を思いやることが、いちばん大切だ。

こちらの都合だけで、見舞いに押しかけるのはタブー。事前に病人の家族に問い合わせ、直接病院へ見舞いにいくべきかどうか、よく判断すること。

見舞い品というと、花か果物が定番だが、これらが病人には迷惑になることもある。狭い病室に大きな花束ばかりがあるのは嫌なもの。病人には、花の水をかえることができないこともある。

携帯電話が使えない病院では、公衆電話のテレホンカードや、テレビのカードなどが重宝する。おしぼりやタオルなど、実用的なものがありがたいこともある。見舞い品に迷うようなら、病人の家族に希望を聞くといいだろう。

見舞いにいったら、病人が疲れることを考えて、長居はしないように。

病人によっては、友人、知人には病気の姿を見せたくないという人もいるので、何度もいかないほうがいい場合もある。

逆に、長期の入院で時間をもてあましていたり、お年寄りなどでは、見舞い客を待ちわびていることもある。そうした病人には、見舞い品をそのつど持参する必要はないので、ちょくちょく見舞いにいくこと。

ようは、病人の容態と心情に合わせて、病人を励ますことだ。

展覧会、個展などに招待されたときのマナー

知人や友人の絵画の個展や、焼き物の個展などに招待される機会もよくある。

こんなとき、お祝いに何をもっていけばよいのか、迷うもの。

本来はお祝いの品物をわたすことより、会場にうかがうことがなによりだ。

しかし、手ぶらでは気が引けるというときは、花束や菓子折りなどで十分。高価なものでは、相手に負担をかけることになる。

お祝いをいただいた側は、お返しは不要だが、会場にきてくれたお礼とともに、個展が終わってからなるべく早く礼状を出すのが礼儀。

引っ越しの正しいマナー

家を引っ越すことになったら、近所の親しい人たちには、荷物の整理をはじめるころには、引っ越すことを伝えておく。1週間前くらいになったら、挨拶にうかがい、長くお付き合いしていただいたお礼と感謝を述べる。

新居に移ったら、移ったその日のうちに近所の人に挨拶回りをすること。マンションでは、隣と、上下階の家、管理人など。一軒家では、両隣と向かい側の3軒の家に。

最近、都会では近所付き合いもうすれ、引っ越しの挨拶は省略する人も多くなっているようだが、いつ、お世話になることがあるかわからない。近

引っ越しのマナー
・引っ越し先での挨拶
＜一戸建の場合＞
＜マンションの場合＞
管理人

所付き合いを円滑《えんかつ》にするためにも、引っ越しの挨拶はしておいたほうがいい。

　このときは、菓子折り、タオル、洗剤などの簡単な手土産を持っていこう。金額は500円から1千円くらいが相場だ。

餞別のマナー

　会社の同僚や上司が転勤する場合は、餞別は会社のやり方に従う。送別会をおこなったり、社員何人かでお金をだしあって餞別品を贈ったりするだろうから、一人だけルールを乱すことをするのはよくない。

　親しい友人や近所の人が引っ越す場合は、何か記念になる品物を餞別として贈るといい。

　贈らないと失礼になるわけではないが、相手と親しい間柄でお世話になったりしたなら、感謝の気持ちをあらわしたいもの。

　品物はあまり高価でなく、相手に負担のかからないものがいい。贈るのは、引っ越しの準備を始める前が適切だ。

　または、引っ越し当日も手伝いをしてあげたり、当日に食事や飲み物などを差し入れるのもうれしいもの。

　引っ越しの餞別をいただいたら、お返しは基本的に必要ない。ただし、いただいたお礼もかねて、

落ち着き先からお礼状と近況報告を出す気づかいをしよう。地方に引っ越したのなら、その土地の特産品などを贈ってもよろこばれる。

定年退職する人への餞別は？

職場を定年退職する人へは、これまでお世話になったお礼と、労をねぎらって、記念品を贈りたいもの。

この場合も職場によって、慣例があるだろうから、それに従う。社員何人かでまとまった金額の高価な品物をおくってもいいだろう。

プライベートなお付き合いの人が退職する場合は、個人で贈り物をするわけだから、相手の退職後の生活に役立つようなものがいい。相手の趣味など知っていたら、それに合わせた品物を選ぶ。

定年退職の餞別をいただいたら、お返しは基本的に必要ない。退職後なるべく早くお礼と、近況報告のお礼状を出すことを忘れずに。

お中元・お歳暮の時期を過ぎたら、いつ贈ればいい？

前の項目で、お中元を贈る時期は6月末から7月15日まで、お歳暮は12月の初めから15日頃までに贈るのが一般的だと書いた。

でも、忙しかったりして、ついその時期を逃がしてしまうこともよくある。

1～2日の遅れなら、まだお中元、お歳暮として贈ってもいいが、それ以上過ぎてしまったらどうしたらいいだろうか。

そんなときは、あわててお中元、お歳暮として贈るよりも、わざと時期をずらしたご挨拶として贈る方法がある。

お中元の時期を逃がしたら、立秋（8月8日）

の前は「暑中御見舞い」として、立秋後は「残暑御見舞い」として贈るといい。

お歳暮の時期を逃がしたら、正月の松の内に「お年賀」として贈るか、松の内も過ぎたら「寒中御見舞い」として贈るといい。

お中元、お歳暮は日ごろお世話になっている大切な人へ贈るものだから、忘れないように、お中元は6月、お歳暮は11月になったら、贈る人のリストを確認するなどの準備をはじめるようにしよう。

お中元・お歳暮をやめたいときは？

毎年、お中元やお歳暮を送ってきた人で、付き合いがなくなってしまったという場合でも、贈り続けているのは、贈る側にとっては費用も負担になる。

こんな場合、贈るのをやめたら、相手に失礼になるだろうか。

そこで、急に両方ともやめてしまわず、段階をふんでやめていく。まずお中元をやめて、お歳暮はかわらずに贈る。つぎの年は両方やめる。

この方法なら不自然さが軽くなるので、相手もいやな思いをそれほどしなくてすむ。付き合いがほとんどなくなっているのに、形式だけでお中元、お歳暮を贈るのは、受け取ったほうも、負担になっていることが多いもの。

お中元、お歳暮は、ずっと長くお付き合いをすると判断した人に限るようにしよう。

また、よく、結婚でお世話になった仲人にはお中元、お歳暮を贈るが、結婚式以後はお付き合いがほとんどないのであれば、やめても失礼にはならない。

仲人にお中元、お歳暮を贈る目安は3年くらいといわれている。3年間贈ったら、お中元からやめ、そのつぎの年にはお歳暮もやめてよい。

ただし、仲人が会社の上司であれば、どちらかが会社を辞めない限りは、贈り続けるのが礼儀だ。

お礼状を出し忘れてしまったらどうする？

お中元やお歳暮のほか、お祝いやいただき物をしたときは、すぐにお礼状を出すのが礼儀だが、ついうっかり出し忘れてしまうことも、多いもの。出し忘れてかなり日にちがたってしまった、ということもよくあるのでは。

そんなときは、いまさらお礼をいうのも気が引けてしまうと、ますますお礼をいう機会をなくしてしまう。しかし、そのままお礼をいわずにいては、先方に失礼だ。先方は、贈ったものが、ちゃんと届いてないのでは？　と気にしていることが多い。

そこで、お礼状の出し忘れに気づいた時点で、すぐに先方に電話をしよう。いただいた贈り物のお礼を述べ、お礼状を出すのが遅れたことをお詫びすること。

先方も、遅くなっても、お礼をいってもらったほうが、届いてないのではないかと気に病むことがなくなるので、ありがたい。

贈り物をいただいたときは、いつ、誰から贈られてきたかを、メモにして目につくところに貼っておき、お礼状を出し忘れない心がけをしよう。

お中元、お歳暮のお礼状は妻が代筆してもかまわない？

夫に仕事関係の人からお中元、お歳暮が贈られてきたら、お礼状をすぐに出すのが当然のマナーだが、仕事で忙しい夫にかわって、妻がお礼状を代筆してもいいだろうか？

本人がお礼状を書くのがいちばんだが、本人が忙しくて、お礼状を書くのが遅くなるようだったら、妻が代筆してすぐに出したほうがいい。

妻が代筆する場合は、お礼状の文面の最後に夫の名前を書き、その下か横に小さく「内」と書く。これで、妻が代筆したことがわかる。

ただし、目上の方からいただいた場合は、やはり本人がお礼状を書くのが礼儀だ。

お見舞いに現金を包むならいくらが相場だろうか?

病気で入院している人に渡すお見舞いは、品物より、現金のほうが喜ばれることもある。花や食べ物はありきたりで重なりがち。狭い病室が花でいっぱいになっても困るもの。

入院すると何かと物入りなので、現金か商品券が喜ばれる。この場合、いくらくらい包むのが相場だろうか?

高額では相手に負担になるし、少額では失礼になる。

友人や親戚の場合は、5000~1万円くらいが相場といわれている。会社の上司や同僚なら、会社の決まりに従えばいい。同僚が有志の何人かでグループで贈るときは、一人3000円くらいが相場であろう。

個人で贈る場合も、1万円を超える高額にしないほうがいいといわれる。

病気見舞いではどんな話題がタブーか?

病気で入院している人は、落ち込んでいたり、ちょとしたことを気に病んだりする。とても神経質になっているので、お見舞いにいったときは、話題に気をつけるべきだ。

不用意なひと言が、病人をひどく傷つけてしまうこともある。

まず、相手の病気についての細かい話題は避けること。相手が重い病気や病名がわからない場合などに、病気についてくどくど話すのは、相手の気持ちを傷つけることになる。

また、会社の様子や、仕事の話もほどほどにしないと、入院中でなにもできない病人はあせりや疎外感を感じてしまう。

元気な小さい子供をつれていくのも、病人には負担になることもある。

入院中の病人のお見舞いでは、あたりさわりのない話題がいちばんいい。

5章

知らないと恥をかく
訪問する・されるマナー

◆訪問するマナー

個人宅を訪問する心がまえ

個人のお宅を訪問するときは、次の三つのTPOに合った心遣いが大切になる。

①訪問の目的
②相手が目上の人か友達か
③その場の状況

とても親しい友人の家を訪問するのか、先輩や上司など目上の人のお宅を訪問するのか、あるいは、何かを依頼しに行くのか、初対面の挨拶に行くのかによって、訪問のマナーは変わってくる。

相手や、訪問の目的に合った心遣いが必要だ。

訪問するときは、相手に迷惑をかけない思いやりが最低限のマナーだ。まず、訪問する前に相手に連絡して、相手の都合を聞いて約束をすること。相手の都合に合わせて日時を決めるのが礼儀だ。

基本的には、休日や、早朝、夜間、食事時は避けること。午前なら10時～11時、午後なら2～4時がいいとされている。

訪問の約束をするときに、滞在する時間も相手に伝えておく心遣いをしよう。「玄関先で失礼する」とか、「30分ほどお邪魔する」「昼食はすませてからうかがう」などを伝えておこう。

もてなす側にとっては、客の滞在時間や、食事を用意する必要があるかどうかは、気になるものだからだ。

手みやげを持っていくかどうかは、相手と場合による。ふだん行き来している相手なら必要ないが、目上の人や、改まった訪問の場合は、手みやげを持参する。

特産品や菓子、果物、生花などの「消える物」

が一般的だが、用意してこなくて、訪問するお宅の近くであわてて買うのは、失礼だ。

金額は2千~3千円くらいで、高額で相手に負担になるようなものは避けよう。

玄関先に着いたらすぐにチャイムはならさない

訪問する相手は、約束の時間ぎりぎりまでもてなしの準備をしているもの。部屋の掃除や片づけから、座布団の用意、お茶やお菓子のしたくなど、すべての準備が整い、ホッとひと息ついたところで、玄関のチャイムがなる、というのが絶妙のタイミング。

約束の時間よりあまり早く着きすぎると、相手をあわてさせるし、遅れるとイライラさせることになる。約束の時間ちょうどに玄関先に到着しても、2~3分くらい後にチャイムをならすのがベストだ。

5分以上遅れるのは、先方を心配させることになるので、その場合は電話を入れること。

余裕をもって到着し、近くで時間の調整をするのが理想だ。そのためにも、交通機関のチェックは事前にしておこう。

マイカーで行く場合は、駐車場の確認もしておくこと。最寄り駅からタクシーで行く場合は、玄関先まで乗りつけず、少し手前で降りて歩くようにする。

これらはすべて、訪問する先方に対する、大切な礼儀であり、気配りである。

コートはどこで脱ぐのが礼儀なの？

玄関先に着いたら、チャイムをならす前に、簡単に身だしなみを整えよう。

コートや帽子、マフラーなどは、玄関の外か玄関内のどこで脱ぐのが正しいのか迷う人も多い。

欧米では、玄関内に入って、上がるように勧められるまで、コートを脱がないのがマナーとされている。

これは、「どうぞお入りください」と言われる前にコートを脱いだら、早く部屋に通せと催促しているようで失礼になるという考えからで、最近は日本でも、玄関内までコートを着ている人も増えたようだ。

しかし、日本では、玄関の外で脱ぐのが正しいマナーだ。友人宅なら玄関内で脱いでもいいが、目上の人のお宅や、改まった訪問では、コートや帽子、マフラー、手袋などは、玄関の外で脱いでまとめておく。

雨の日は、濡《ぬ》れた傘や服のしずくを玄関に入る前に払っておく。濡れた傘は、玄関の外の傘立てに入れるか、立てかけておく気配りを。

玄関を上がるときの正しいマナー

玄関では簡単に挨拶し、玄関のドアは必ずドアのほうを向いて静かに閉める。後ろ手に閉める人がいるが、これはよくない。

玄関での挨拶は手短にすませ、正式な挨拶は部屋に通されてからする。手みやげを手渡すのも、生花や生もの以外は部屋に案内されてからにする。

玄関を上がるときは、前を向いたまま靴を脱いで上がるのか、後ろ向きに上がるのか、迷うもの。

ここは、正面を向いたまま上がり、相手に背中を向けないように体を斜めにして、靴の向きを変え、端に寄せておく。

相手がコートを預かるといったら、遠慮なく預け、いわれなければ、きちんとたたんで玄関の隅に置いておく。バッグ以外の手荷物も一緒に置き、

玄関を上がるとき
① コートは外で脱ぐ
② 正面を向いて上がり、体を斜めにして
靴の向きを変える。

部屋に持ち込むのは、バッグと手みやげだけにすること。

部屋に通されたときの席の着き方

①和室の場合

和室に通されるとき、敷居や畳の縁を踏まないように気をつける。座布団を踏んだり、またいだりするのもタブーだ。

部屋に通されたら、下座で主人を待つ。和室の場合、床の間の床柱を背にする席が最上座で、床の間に近いほど上座、出入り口に近いほうが下座になる。

相手にすすめられた席に着くが、まず座布団の横に座って挨拶をした後、すすめられてから、座布団をあてる。座ったままひざを座布団の端にのせ、両手を座布団について体を徐々に座布団の中央に移す。

座布団からおりるときも、同様にしてにじりおりる。

②洋室の場合

洋室の場合、上座は暖炉などのある側だが、ない部屋も多い。その場合は、出入り口からもっとも遠い奥の席が上座、出入り口に近いほうが下座だ。

椅子に座ることをすすめられるまでは、椅子の近くに立って待ち、挨拶も立ったままおこなう。すすめられたら、椅子に浅めに腰掛け、ひざに手をそろえておく。

座布団の正しいマナーを知ってますか?

よく、置かれている座布団をひっくり返してか

部屋に通されたら
・和室
床の間
脇床
1
2
3
4
出入口
①
下座に座り、
挨拶する。
②
ひざを座布団に
浅くのせ、中央に
体を移す。
③
正面を向いて
座る。
○洋室
1
2
3
4
5
出入口
椅子の近くに立って
挨拶する。

ら座ったり、自分が座っていた座布団をひっくり返して人にすすめる人がいるが、それはマナー違反。座布団にはちゃんと表と裏があり、きちんと置かれているものだからだ。

座布団の中央にしめ糸があるほうが表で、脇に縫い目がないほうが座布団の正面であることを覚えておこう。

置かれている座布団を持って、位置を移動しようとするのも、マナー違反だ。あらかじめ座布団が置かれた位置に座るのが礼儀。

また、よくカバーがついたままの座布団をすすめる人がいるが、正式の席ではカバーをかけていない座布団を出すこと。

手みやげのスマートな渡し方

挨拶がすんだら、手みやげを渡す。風呂敷や紙袋はこのときに取り、正面を相手に向けて差し出すのが礼儀。

手みやげを渡すときの「つまらないものですが」という常套句《じょうとうく》は、さすがに最近ではつかわれなくなったが、それでも口にする人もいるようだ。

「ほんの気持ちです」「お口に合えばいいのですが」「果物がお好きとうかがったので」などの言葉を添えるといい。

手みやげに持参したお菓子や果物が出されたら、遠慮なくいただこう。出されたお茶やお菓子は残さないでいただくのがマナー。いつまでも口をつけないのは、かえって失礼になる。

食事をすすめられたらどうする？

食事どきの訪問は避け、食事時間を意識して早めに辞去するのがマナー。とはいえ、用件が長引いて食事時間になってしまうときもある。そんなときに、食事をすすめられたら、ごちそうになってもいいのだろうか。

前もって食事の約束をしていない場合は、遠慮したほうがよい。先方は、あらかじめ食事の用意をしていないのだから、こうした誘いは、食事の誘いではなく、そろそろ帰ってほしいというサインの場合もある。これを機に辞去するのが礼儀だ。

ただし、すでに食事の準備が整っていたり、何度もすすめられたりした場合は、断るのも失礼になる。状況をよく判断して、先方の好意を受けたほうがいい場合は、遠慮せずにいただこう。

タバコは訪問先では吸ってはいけない？

訪問先でタバコを吸いたくなっても、相手がタバコを吸わない場合や、小さな子供がいる場合、目上の人のお宅の場合は、遠慮するのがマナーだ。

訪問先に灰皿が置いてなかったら、タバコは遠慮してほしいという意思表示だ。「灰皿はありませんか」などとたずねては、失礼になる。

灰皿が置いてあっても、家族はみな吸わないという家も多いから、相手にひと言断ってから吸うようにしよう。

おいとまを切り出すタイミングは？

親しい友人なら別だが、訪問は1時間以内ですませ、用件がすんだら早めに切り上げるのがマナーだ。あらたまった依頼事などの訪問では、引き止められても長居は禁物と心得よう。

もてなす側からは、帰ってほしくても言い出しにくいものだ。訪問した側から、おいとまを切り出そう。

夕食をごちそうになった場合は、辞去するタイミングがむずかしい。食事がすんですぐに帰るのは失礼だが、いつまでもお邪魔しているのも先方に迷惑だ。先方は、こちらが帰ったあとも、片づけをしなくてはならない。

食事のあとのお茶をいただいて30分くらいたった頃や、会話がきりのいい頃合いをみはからって、おいとまを切り出そう。夕食後であれば、一般的に午後9時前には辞去するのが礼儀だ。

帰る際の玄関のマナーから帰宅後のマナーまで

辞去するとき、玄関では靴をはいてから、スリッパの向きをそろえて端に寄せる。

コートやマフラーは、玄関の外に出てから着るのが基本だが、すすめられたら玄関内でコートを着用してもかまわない。ただし、マフラーや手袋、帽子などは外に出てから着けるのがマナーだ。

帰宅後は、すぐに電話を入れて無事に帰った旨とお礼を伝える心配りを。目上の人を訪ねてお世話になった場合は、とりあえず電話でお礼を述べ、改めて礼状を出すようにしよう。礼状は葉書でいいので、遅くならないうちに、3日以内に出すように心がけよう。

◆訪問されるマナー

来客を迎えるマナー

客を迎えるとき、玄関では簡単に挨拶を交わし、コートを預かってハンガーにかけてから、部屋に案内する。玄関の端に寄せてある客の靴は、中央に置きなおし、客の手荷物が置いてあれば、部屋

来客を迎えるマナー
① 客の靴は中央に置き直す。
② 茶菓子の出し方。
① お盆は畳の上に置く。
② 客から向かって
右にお茶、
左にお菓子を置く。

に入れておく。

部屋に案内したら、客に上座をすすめ、もてなす側は、下座で挨拶する。

手みやげをいただいたら、お礼を述べて気持ちよく受け取ろう。親しい間柄なら、その場で開けて「わあおいしそう！」「これ、大好きなんです」などと喜ぶと、手みやげを持参したほうも、うれしいもの。

目上のお客さまからいただいた場合は、部屋をいったんさがるときに持っていき、別室で開けること。部屋の隅に置きっぱなしにするのが、いちばん失礼だ。

手みやげがお菓子や果物だったら、「おもたせですが、おいしそうなので……」と断って一緒にいただくとよい。生花なら、すぐに花瓶に挿して客間に飾る心配りをしよう。

食べ物でなかったら、お茶を運んだときに、ひと言「素敵なものをいただいて……」などと感想をいうと、相手もうれしいもの。

お茶と食事のもてなしのマナー

客を部屋に通したら、なるべく早くお茶を出そう。改まった客には、別室でお茶の用意をしてお盆にのせて出す。

会社などでは、来客にはお茶だけ出すが、個人宅でもてなすときは、お茶とお菓子はセットで出そう。客から向かって左側にお菓子、右側にお茶がくるように並べる。

食事時になったら、約束していなくても、一応は食事をすすめるのが礼儀だ。客が断ったら、無理にすすめないこと。

あらかじめ準備をしていなかったら、店屋物をとってもかまわない。

客にそろそろ帰ってほしいときは？

客が辞去を切り出したとき、すぐに応じるのは帰るのを待ちかねていたようで、失礼だ。

「もう少しゆっくりされたら？」と、一度は引き止めること。ただし、何度も引き止めないこと。

逆に、用件がすんでも、なかなか腰をあげない客には、「もう帰ってくれませんか」ともいえないので困ってしまう。

こんなときは、「申し訳ないが、○○に行かなければならないので」とか、「6時には外出しなければならないので」などと申し出よう。

もし本当に次の予定が入っているなら、客が来たときに、前もってその予定を伝えておけば、客も心よく辞去してくれる。

夕食に招待したときは、お酒などを飲みだして、とくに長くなりがち。

そんなときは、

「明日の朝は6時に起きなくてはならない」

「明日は大事は会議が早朝からある」

などといって、お開きにしよう。

見送りの心配りは？

客が帰るときは、玄関で手荷物やコートを渡し、コートはその場で着るようにすすめる。

見送りは、もてなしの最後の締《し》めなので、ぞんざいにしないように気配りをしよう。

客が全員帰るなら、マンションなら玄関の外、エレベーターまで自分も出て送る。家なら、門の外まで出て、客の姿が見えなくなるまでその場に立って見送ろう。

客が途中で挨拶しようと振りかえったときに、

さっさと家に戻ってしまっていては、客はガックリする。
客が一人だけ先に帰る場合は、せめて玄関まで一緒に行って見送ろう。

6章

知らないと恥をかく
手紙のマナー

封書とはがきの使い分け方

手紙を出すとき、封書とはがきのどちらにするかだが、出す相手や手紙の内容によって、正しく使い分けよう。

はがきは略式の手紙で、封書が正式と考えるのが基本だ。

目上の人に出すときや、重要な用件、あらたまった内容の場合は、かならず封書を使う。年賀状や季節の挨拶、結婚・転居のお知らせ、贈答品のお礼状などは、はがきを用いる。

封書を書くのに時間がかかって、遅れて失礼になるよりは、すぐに出したほうがいい。

はがきは、相手以外の人の目にもふれることがある。その点をよく考えて出すこと。

便箋・封筒の正しいマナー

便箋も封筒も、あらたまった文章や目上の人への手紙は、白無地で縦書きが正しい。

かつては、便箋1枚だけの手紙は失礼とされ、手紙が1枚で終わってしまった場合は、白紙の便箋を添えて2枚にしなければならなかった。

現在はそれほどこだわらないが、年配の人に出すときは、2枚にしたほうがよい。

便箋は、和封筒の縦型の場合は、文面を内側にして、三つ折りにたたんで入れる。洋封筒の横型の場合は、縦二つに折り、さらに横二つに折って入れるのが基本。

それ以上細かくたたむと、読みにくくなるので注意しよう。

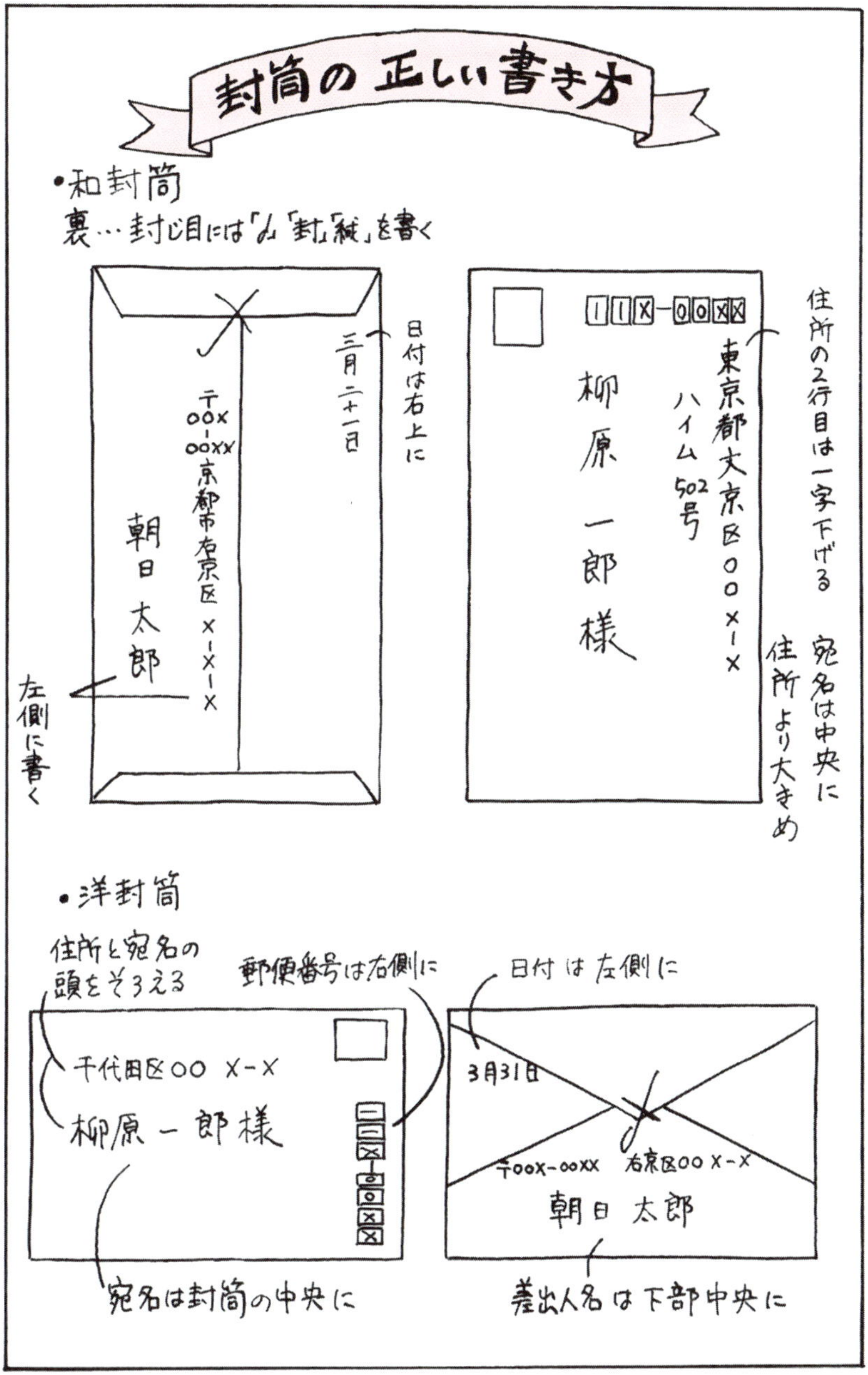

封筒の正しい書き方
•和封筒
裏…封じ目には「〆」「封」「緘」を書く
日付は右上に
三月二十一日
〒OOX-OOXX
京都市右京区X-X-X
朝日太郎
左側に書く
住所の2行目は一字下げる
111X-OOXX
東京都文京区OOX-X
ハイム502号
柳原一郎様
宛名は中央に
住所より大きめ
•洋封筒
住所と宛名の頭をそろえる
郵便番号は右側に
千代田区OO X-X
柳原一郎様
宛名は封筒の中央に
日付は左側に
3月31日
〒OOX-OOXX 右京区OO X-X
朝日太郎
差出人名は下部中央に

筆記用具の正しいマナー

筆記用具は、原則として、封筒の宛名と手紙文は同じものを使うこと。

あらたまった手紙では、万年筆か毛筆を使用する。インクの色は黒かブルーが正式だ。

友人などに出す親しみを込めた手紙以外は、カラーのインクは使わないほうが無難だ。

ボールペンやサインペンは、あらたまった場合以外は使ってもかまわない。パソコンで打つ場合は、最後の署名だけは手書きにすること。

行頭、行末で注意すべきこと

手紙を書いていて、行の頭や、行の終わりにきてはいけない言葉がある。

また、2行に分けて書いてはいけない言葉もある。

●行頭に書いてはいけない言葉

「私」、「小生」など自分のことをいう言葉。「が、は、に、を、へ」などの助詞。「…」や「、」「。」などの句読点。

●行末に書いてはいけない言葉

相手の名前。「お、御、拝、貴、尊」などの相

手を敬う言葉。

●2行に分けてはいけない言葉

相手の名前。人名、地名などの固有名詞。

お礼状の正しい心得

贈り物をいただいたりして出すお礼状は、まず、すぐに出すことがいちばんだ。贈り物がとどいた当日か、翌日には出すようにしよう。

お礼状などでよくあるのが、型にはまった形式そのままで、ぎょうぎょうしいだけの文面だ。定型どおりの文章よりも真心のこもった、自分らしい素直な文章を書くようにしよう。

たとえば、つぎのような文面だ。

「拝啓　盛夏の候　皆様にはますます御隆盛のこととお喜びもうしあげます。平素はご高配に預かり厚く御礼申し上げます。

さて、本日はまことに結構なお品をちょうだいし、誠にありがとうございました。いつも変わらぬお心配り、恐縮に存じております。暑さ厳しき折から、お体お大切に、ご自愛のほどねがいあげます。まずは取り急ぎ、書中にて御礼申し上げます。敬具」

このお礼状は基本的ルールにのっとって書かれていて、形式上はなんら問題はない。だが、定型どおりで堅苦しく、書いた人の心が感じられない。具体的な感想が何も書かれていないので、食べ物を贈られて、好物でうれしいとか、いつも使う品物で役に立つとか、感謝の気持ちが何ひとつ感じられない。

このような形式どおりの文面では、受け取る側には、かえって失礼になりかねない。

お礼の気持ちを、自分の言葉で素直に表現することが何よりなのだ。

年賀状の正しい心得

年賀状は、できれば1月3日までにつくように出すのが礼儀だ。遅くとも、1月7日の松の内までには出したい。

8日以降に着くのは、場合によっては失礼になることもある。

目上の人に年賀状を出す場合は「賀正」「迎春」などの簡素な賀詞は避け、「謹賀新年」「謹んで新年のご祝詞を申し上げます」などの丁寧な賀詞を書くこと。

自分が喪中の場合は、12月の頭までには「喪中欠礼」のはがきを出すことを忘れずに。

近頃では、写真やイラストを組み込み、デザイン処理した年賀状をパソコンでつくる人が増えたが、そのためか、手書きの文章が書かれないようになった。印刷文字だけのものも多い。が、年賀状には、どのような文面でもいいから、手書きのひと言を書き加えるべきだ。

頭語と結語の正しいルール

相手に対する敬意をあらわす言葉で、手紙のはじめに書く頭語と最後に書く結語は、対になっていて、手紙の内容や相手によって組み合わせが決まっている。

年賀状、暑中見舞い、会葬礼状、お悔やみ状などでは、頭語、結語は省略する。

・通常の手紙文

頭語＝拝啓　拝呈　啓上

ひと筆（文して）申し上げます（女性）

結語＝敬具　拝具　敬白

かしこ（女性）

・丁重な手紙文
頭語＝謹啓　謹呈　粛啓　恭啓
　謹しんで申し上げます（女性）
結語＝謹言　謹白　謹上　頓首
　かしこ（女性）
・急を要する手紙文
頭語＝急白　急啓　急呈
　取り急ぎ申し上げます（女性）
結語＝敬具　早々　かしこ
・前文省略の手紙文
頭語＝前略　冠省　略啓
結語＝早々　不一　不備　かしこ
・返信の手紙文
頭語＝拝復　敬復　復啓
結語＝敬具　拝答　敬答
・再発信の手紙文
頭語＝再啓　再呈　追啓
結語＝敬具　敬白　拝具

「前略」はこんなときは使ってはいけない

手短に用件のみ伝えたいときや、最近のビジネス文では、「前略」で書きはじめるケースが多い。季節の挨拶などが必要ないときは、簡潔でいいのだが、「前略」ではじめては失礼な場合があるので、注意しよう。

目上の人あての手紙や、感謝をあらわす礼状、見ず知らずの人に出す手紙では、挨拶は省略しないものだ。だから、この場合は「前略」ではじめてはいけない。挨拶抜きでは礼を欠くからだ。

「拝啓」はオールマイティ

頭語と結語には、差し出す相手や場合によって前項であげたような組み合わせ方がある。とはいっても、どんな頭語や結語を選んだらいいか、迷うことが多い。

面識がない人に「前略」が使えないのなら、「拝啓」か「謹啓」か、どちらがいいのか迷ってしまう。こんなとき、間違いないのが、「拝啓」を使うことだ。

「拝啓」は目上の人に使ってもいいし、面識のない人に使っても失礼にならない。急用のときや、返信の場合でも「拝啓」を使っていい。「拝啓」は手紙の書き出しの言葉としてはオールマイティなのだ。

「拝啓」として結語はすべて「敬具」とすればよい。

ただし、「拝啓」ばかりでは味気ないというのなら、前項にあげた頭語と結語の使い分けを覚えておこう。

時候の挨拶を知っておこう

頭語のあとに、四季の移り変わりを表現した慣用句を使って挨拶をする。各月ごとに、その例をあげよう。

・1月＝新春の候　厳寒の候　酷寒の折り　寒さ厳しき折り

・2月＝春寒の候　余寒の候　晩冬の候　春とは名のみの寒気の折り　余寒なおしのびがたき
・3月＝早春の候　春寒やや緩む候　日ごとに春の香りがするようになりました
・4月＝桜花の候　陽春の候　春たけなわのころ
・5月＝新緑の候　薫風の候　若葉が目にしむころ　新緑がまぶしい季節になりました
・6月＝入梅の候　初夏の候　雨に紫陽花が美しいころ
・7月＝盛夏の候　大暑の候　本格的の夏の訪れ
・8月＝晩夏の候　残暑の候　残暑厳しき折り　立秋とは名ばかりで厳しい暑さが続いて
・9月＝初秋の候　秋涼の候　爽秋の折り　涼風わたる季節
・10月＝秋冷の候　紅葉の候　秋たけなわのころ
・11月＝晩秋の候　向寒のみぎり　落ち葉舞う季節になり
・12月＝寒冷の候　初冬の候　師走の候　年の瀬もおしせまり

以上は一例だが、それぞれの季節の用語に「候」「折り」「みぎり」などの言葉を組み合わせて使うとよい。

これらは、手紙の基本のルールだが、場合によっては、このような慣用句が形式ばったおかしな印象をあたえてしまうこともある。

心のこもった季節の挨拶を、自分なりの表現で書いたほうが喜ばれるものだ。

結びの慣用句を知っておこう

手紙の最後は結びの言葉と結語で終わるが、本文の内容によって、結びの言葉には次のような使い分けがある。

・ふつうの結びの挨拶

まずは右まで／まずはお願いまで／取り急ぎお知らせいたします／取り急ぎお返事申し上げます

・相手の自愛を祈る挨拶

くれぐれもお体を大切に／ご自愛のほどを／せつにご自愛を祈ります／ご多幸を祈ります／お元気でご活躍ください

・相手に伝言を依頼する

どうぞ皆様へよろしく／なにとぞよろしくご伝言ください

・伝言を取り次ぐ

父からもよろしくとのことです／母からもよろしく申しあげるよう申しつかりました

・返事を求める言葉

お返事お待ち申しあげております／お手数ながらお返事を／ご多用中恐縮ですが、ご回答賜りたく／至急お返事いただきますれば幸いに存じます。

自称、他称の正しい使い方

自分や自分の側を謙譲していう言葉と、相手の側を尊敬して呼ぶいい方にもルールがあり、次のようになる。

自分＝私、私共、小生

相手＝あなた、あなたさま、貴殿

自分の父・母＝父、親父、母、お袋

相手の父・母＝お父上、お父様、ご尊父様、お母上、お母様、ご母堂様

自分の夫＝夫、主人

相手の夫＝ご主人様、だんな様

自分の妻＝妻、家内、女房

相手の妻＝奥様、御奥様

自分の息子＝息子、せがれ、愚息

相手の息子＝ご子息様、ご令息

自分の家族＝家族、一同
相手の家族＝ご一同様、ご一家、ご家族の皆様
自分の会社＝当社、弊社、わが社
相手の会社＝貴社、御社
自分の住居＝小宅、当方、拙宅
相手の住居＝貴宅、貴家
自分の意思＝私見、所見、考え
相手の意思＝ご意見、ご高説

メールの返事はいつまでに出すのが礼儀？

パソコンのメールが普及し、会社でも家庭でも電子メールのやりとりが日常的なものになってきた。仕事の連絡も、メールによっておこなうのが当たり前になった。

メールを受け取ったら、できるだけ早く返信をするのがマナーだが、メールの内容によっては、返事を必要としていないものや、急ぎではないものなどもある。

ビジネスでのメールのやりとりでは、急を要するものが多いから、毎日メールをチェックするのは当然だが、家庭では、つねにチェックするというわけではない。

メールを出す側も、相手がいつメールを見るかわからないのを承知の上で送信しているのだから、急ぎの用ではないはず。緊急を要する連絡は、やはり電話であろう。

だからといって、メールを送られてきているのに、いつまでも返事を出さないのは失礼になる。送った側も、急を要する連絡ではなくても、返信がないと、相手がメールを見ていないのでは？　ちゃんとメールが届かなかったのでは？　と心配になるもの。

そこでつい、メールが届いたかどうか、確認の電話をすることになる。

メールを受けとったとき、ちゃんとした返事を書く時間がなかったら、取り急ぎはメールを受け取ったことだけでもすぐに返信で知らせ、きっちりした返事は後から送るようにしよう。その返事も、メールを受け取った日から2日以内には送信するべきだろう。

手紙の返事をメールで送るのは失礼か？

相手がていねいな手紙をくれた場合、その返事をメールで送るのは、失礼だろうか？

一般的な手紙の返事で、先方が親しい間柄なら、最近ではメールで返信しても許されるようになってきた。

その際は、メールの文面は手紙の書き方の基本と同様に、ていねいな文面にして、メールが読みやすいように配慮することを忘れずに。

さらに、返事をメールで送ることのメリットは、手紙よりもすぐに送れる点にあるのだから、返信が遅くなっては、メールにした意味がない。メールで返信するなら、すぐに出すことだ。

しかし、相手が目上の人だったり、高齢の人には、やはりメールではなく手紙で返信しないと、失礼になるだろう。

メールの返信がないときの相手を不快にさせない確認法は？

メールを送ったのに、返信がすぐにこないと、イライラするもの。相手がいつメールを見てくれるか、わからないのを承知の上でメールを出しているのだが、やはり出した以上は、返事を期待しているものなのだ。

とくに、返事がこないと困るような内容のときは、いつまで待っても返信がなければ、電話で確認するしかない。

その際、メールを送ったのに返事がないことを責めるような言い方をすると、相手を不快な思いにさせてしまうから、注意しよう。

相手を不快にさせずにメールの確認をするたずね方を教えよう。

メールを見てくれたかをたずねて、先方がまだ見ていなかったら、一方的にメールを送ったこちらが、配慮が足りなかったという心配りをすることだ。

先方は、常にメールをチェックする習慣がない人かもしれないし、メールが苦手な人もまだまだ多い。

そんな人に、「メールをまだ見ていないのか」と、責めるような聞き方では、角がたつ。

あくまで、こちらの配慮不足であるということを伝えながら、たずねることだ。

依頼事やお詫びをメールでするのは失礼か？

最近のように、これだけメールが普及すると、あらゆる連絡をメールでおこなうのが当然のようになってきた。

だが、あらたまった依頼事やおわびの要件は、メールではマナー違反。

メールは、ビジネスの場で仕事をスムーズに進めるための連絡手段であり、一般では簡略化した通信手段である。

あらたまったお願い事やおわびをメールでしても、感情がこもらない画面では、誠意や真心が伝わらない。こんなときはやはり、手紙か電話でするのがマナーだ。

メールだと、面と向かっては切り出しにくいことも、スラスラ書けるし、電話で直接苦情を言われる面倒もないので、厄介な用件も送りやすい。

だが、大事な用件をメールで済ますのは、安易に受け取られても仕方がない。送られた側はやはり、カチンとくるだろう。

あらたまった依頼事やおわびは、ていねいな手紙を書くか、電話で誠意を伝えないといけない。

年賀状をメールで出すのは失礼か？

最近では、年賀状もメールで送信するという人が増えてきた。これだけインターネットやブログが定着したのだから、新年のあいさつをメールで送信しても許されるという人が多くなってきた。

印刷しただけの儀礼的なはがきの年賀状より、メールを送ったほうが、心がこもっている場合もある。

だが、メールのやりとりをふだんからしているような、プライベートな関係の相手ならいいが、形式を大事にしなければならない相手や、目上の人には失礼になる。

手作りの年賀状や、写真やイラストが組み込まれた年賀状などに、手書きでひと言あいさつが書きこまれているはがきをもらうのも、年賀状の楽しみの一つだ。

メールで年賀状が送れるのは、親しい間柄だけと心得よう。

一般家庭にファックスを送るときのマナーは？

ビジネスで会社にファックスを送信するときは、いまはほとんどの会社が、24時間いつでも送受信できる。

だが、一般家庭では、ファックスを送信する時間にもマナーがある。早朝、深夜に送るのはマナー違反だ。電話をかけるときは、相手に迷惑がかからない時間帯を選んでかけるのが常識だが、ファックスの送信にも、送信していい常識的な時間帯がある。

ファックスを受信すると、電話と同じ着信音が鳴るし、印刷しているときの音もけっこう大きく聞こえる。狭い家では、深夜にファックスが送信されてくると、家じゅうにファックスを受信して印刷する音が鳴り響き、寝ていた人を起こしてしまうことになりかねない。

相手を電話口に呼び出さないからといって、何時に送信してもいいというわけにはいかない。電話と同じように、朝は午前9～10時、夜は8～9時の間に送信するのがマナーだ。

また、会社のファックスなら、送信枚数が多くなっても、すみやかに受信できるが、家庭用のファックスでは、印刷に時間がかかる。印刷に使うインクリボンの消費もバカにならない。

そうした配慮をすることが大事で、送信枚数は、できるだけ少なくするよう心がけよう。送信枚数が複数になるときは、ページの順番が混乱しないように、各ページにページ数をふっておくことも、常識のルールだ。

また、何枚送信したか、すぐに確認できるように、送信した枚数を書いておくのも忘れずに。

7章

知らないと恥をかく

和食・洋食・中華のマナー

和食のマナー　これだけは知っておこう

(1) 和食料理の形式

和食料理には、主に本膳料理、会席料理、懐石料理の3形式がある。

本膳料理は、古くから冠婚葬祭に使われてきた形式で、いまは宮中の儀式などでしか見られない。

懐石料理は、茶の湯の席で出される料理で、一汁三菜が基本の簡単なもの。ご飯と汁と向付けが先に出てそのあと煮物、焼き物と1品ずつ料理が出る。

会席料理は、現在のコース料理や宴会料理の主流となっている。まず、向付けというお通しが出て、煮物椀、八寸、焼き物、強肴、煮物、最後にご飯と汁物が出る。

(2) 箸の使い方

和食の場合、箸の使い方と魚料理の食べ方を押さえておけばいいといわれるほど、箸使いはマナーのポイント。

まず、箸を持つときは、右手で箸の中ほどを持って取り上げ、左手で下から受け、右手で持ち替える。箸を置くときは、この逆にする。左手で取ったり、片方の手だけでするのはタブー。

食事の途中で箸を使わないときは、箸置きの上

に置くこと。和食では、一つの動作を終えてから、次の動作に移るのが正しい。器を持ち上げるときは、いったん箸を置く。

(3) 箸使いのタブー

箸使いにはいくつかのタブーがあるので、次に代表的なものをあげておこう。

・迷い箸＝どれを食べようか迷って箸をあちこちさまよわせること。
・握り箸＝2本の箸をそろえて手で握り、同じ手で器などを持つこと。
・刺し箸＝箸で食べ物を突き刺して食べること。
・寄せ箸＝箸を使って食器を自分のほうへ寄せたり、押したりすること。
・ねぶり箸＝箸を口でなめること。
・渡し箸＝食事の途中で箸を器の上に渡して置いて休むこと。
・拾い箸＝同じ料理を二人で同時に箸でつまむこと。

(4) 器の持ち方

和食の器は、ご飯茶碗やお椀、小鉢など、汁物やこぼれそうなものは手にもって食べる。刺身のしょうゆ皿、てんぷらのつけ汁、重箱なども手にもっていただく。

焼き魚や刺身が入っている平鉢は手に持たずに置いて食べるのが基本。

和食では、自分の右側にある器を取るときは、箸を箸置きにもどし、右手で器を取って両手で受け、左手に持ちかえる。

左側にある器は、左手で取る。このとき、右手に箸を持っていてもかまわない。

汁物の椀の蓋を取るには、左手で椀を押さえながら右手で蓋を手前から奥に向かって取る。はずした蓋は仰向けにして右側に置く。食べ終えたら蓋を元通りに椀にかぶせて膳の向こうに置く。よく蓋を裏返しにして重ねる人がいるが、これはしてはいけない。

(5) 焼き魚の正しい食べ方

和食では、尾頭つきの焼き魚をきれいに食べられたら、マナーが身についた人といわれる。

まず、左手で皿をおさえ、魚の上側の身の中骨に沿って箸を入れ、胸びれの部分から尾に向けて、箸でほぐしながら食べる。

下側の身は、左手で魚の頭を押さえながら背骨の下に箸を入れ、身と骨をはがす。頭と骨は身の向こう側におく。残った身を胸から尾に向けて食べる。

食べ終わったら、背骨を真ん中で折り曲げ、小骨と一緒に皿の中央に集める。

(6) 殻つきエビの食べ方

殻つきの焼きエビをきれいに食べるのはむずかしい。頭や殻をむくのがめんどうで厄介だ。箸をどう使えばいいのか悩んでしまう。

エビの殻をむくのには、遠慮せずに両手を使ってかまわない。

まず、最初に両手で頭をはずす。頭は皿にもどし、今度は右手で殻をむく。

むき終わったら、殻や頭は皿の上の一か所にまとめておく。むいた身はいったん皿におき、かならず箸を使って食べると品よく食べられる。

手が汚れるので、紙ナプキンか懐紙《かいし》を使うとよい。

(7) 刺身の正しい食べ方

刺身は小皿に醤油を注ぎ、左側に置く。穂ジソや紅たでがあれば、小皿にしごいて取る。

わさびは醤油に溶いてはいけない。刺身にわさびをのせ、のせた部分を内側にしてくるむように丸め、小皿を左手に持ち、醤油につけて食べる。

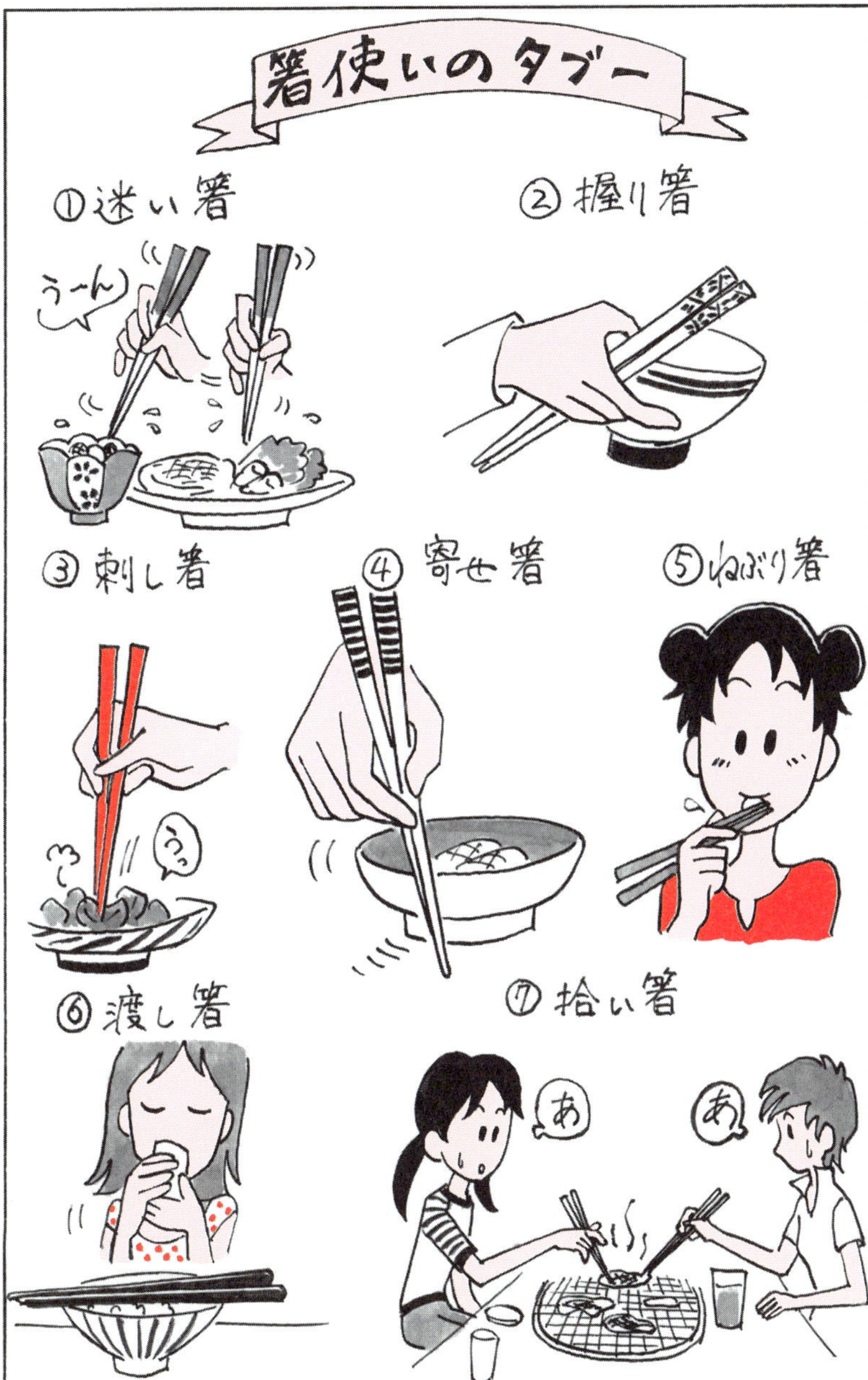
箸使いのタブー
①迷い箸
うーん
②握り箸
③刺し箸
うっ
④寄せ箸
⑤ねぶり箸
⑥渡し箸
⑦拾い箸
あ
あ

焼き魚の食べ方

① 左手で皿をおさえる。

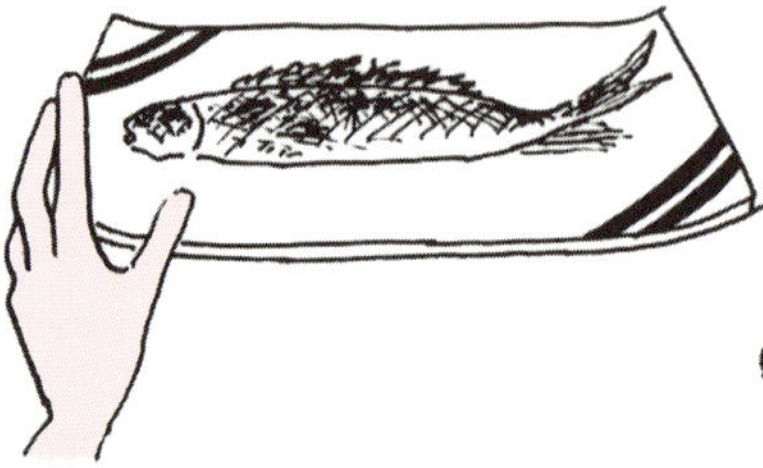

② 魚の身の中骨に沿って
箸を入れる。

③胸びれから尾に向け
箸でほぐしながら食べる。

④ 下側は、左手で
頭をおさえながら
背骨の下に箸を入れる。

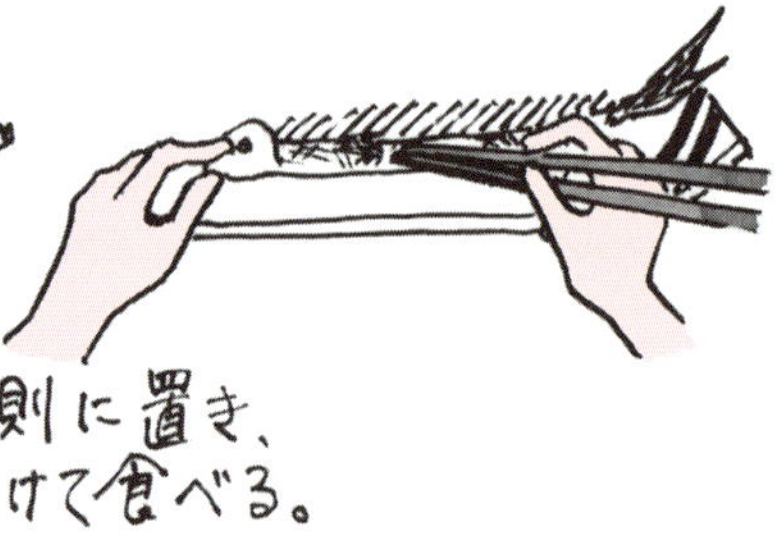

⑤ 頭と骨は身の向こう側に置き、
身を胸から尾に向けて食べる。

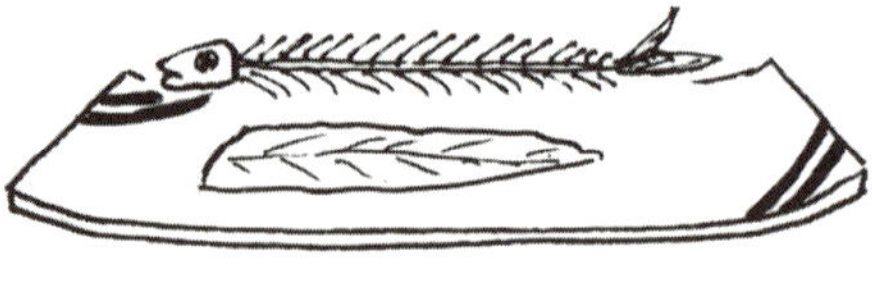

刺身を口に運ぶとき、小皿を持たずに下に置き、左手を箸に添えて食べる人がいるが、これは正しくない。手を添えるのではなく、小皿を持って食べるのが基本だ。

(8) 握り寿司の正しい食べ方

握り寿司を食べるとき、手でつまんで食べるのが正しいとよく言われるが、箸を使って食べるのは正しくないのだろうか?

これは、どちらの食べ方が正しいとか、間違いだとかいうことはない。どちらでもいいが、その場の状況に合わせて判断するとよい。

寿司屋のカウンターでは、箸を使わず、手で食べたほうが粋とされる。寿司をつまんでネタにしょう油をつけて食べるには、箸より手でつまんだほうが食べやすいし、粋に見える。

でも、お座敷で寿司桶から取って食べるときは、手づかみはあまりスマートとはいえない。とくに、女性が手づかみで食べるのは、きれいに見えない。

要は、TPOに合わせて、食べやすく、かつ粋に見える食べ方で食べることだ。

握り寿司を箸でつまむときは、いったん倒して横にして、ネタとご飯を箸ではさむと食べやすい。そうしないと、ご飯がくずれてしょう油につけにくく、しょう油皿にご飯粒がバラバラ落ちて、みっともない。

(9) 串料理の格好いい食べ方

居酒屋で食べる焼き鳥は、豪快に串にかぶりつくのが旨い。でも、男性はともかく、女性がかぶりつくのは、あまりきれいな食べ方とはいえない。さらに、お座敷のあらたまった席では、田楽のような串料理が出たら、これはかぶりつくわけにはいかない。

そんなときは、ひと口目は串にかぶりついてもいいが、ふた口目からは、食べにくくなるので、箸で串からはずしてひと口ずつ食べよう。箸で具を押さえ、串を少しずつ回して具を箸から抜き取るようにすると、はずしやすい。

居酒屋で食べる焼き鳥のように、串にかぶりつくときは、横からひと口食べたら、返して反対側からひと口食べる。こうして少しずつかじっていけば、大口を開けて串を喉の奥まで入れずにすむ。

⑽ 天ぷらの正しい食べ方

天ぷらは、味の淡白なものから、味の濃いネタへと食べていくのが正しいとされる。カウンターで揚げられた順に食べていくのなら迷うことはないが、お皿に盛られているのは、どれから食べればいいのだろう。

お皿に盛られたものも、手前に淡白なもの、奥に味の濃いものが盛りつけてある。この盛りつけをくずさないように手前から順に食べていくのが正しい。

天ぷらのネタは、ひと口では食べきれない大きさだ。箸でひと口で食べられる大きさに切って、食べればいいが、イカやエビは箸では切れない。

これはかじるしかないが、ひと口かじったら、かじりかけのネタを天つゆの器やお皿にもどしてお膳に置くのはみっともない。天つゆの器を持ったまま、何回かかじって食べてしまうとよい。

⑾ 茶碗蒸しの正しい食べ方

茶碗蒸しを食べるとき、スプーンがついていればいいのだが、ときに、スプーンがついていないことがある。

そんなときの正しい食べ方は、器の内側に箸を沿わせて中身をきれいに離して具ごとかき混ぜ、吸い物のように器に口をつけて食べる。

スプーンがないと、箸で中身をすくうことができず、ぐちゃぐちゃになってしまってみっともないような気がする。だが、茶碗蒸しは本来は、スプーンを使わず中身をかき混ぜて、吸い物のように食べるのが正しいもの。

遠慮せずに器に口をつけて食べてよいのだ。

⑿「手皿」はじつはマナー違反

器から料理を箸で取って口に入れるときに、下にこぼさないように左手を皿のように添える人は多い。これは一見、品のいい食べ方のようだが、じつは正しい食べ方ではない。

この食べ方を「手皿」というが、これは品の悪いマナーとされている。小鉢、天つゆの器、刺身のしょう油皿など、汁が下にこぼれそうなものは、器を手に持って食べるのが正しい。

大きな皿にのった料理は、小皿に取り分けて、小皿を手に持って食べるのがマナーだ。

⒀懐紙の上手な使い方

お茶の席で使う懐紙は、食事の席に持っていると、とても役に立ち、品のよいきれいな食べ方ができる。

前項で、手皿はマナー違反と書いたが、料理を口に運ぶときに、しょう油や汁が下にこぼれそうなとき、小皿があればそれを使うが、ない場合に、手皿にするのではなく、懐紙を左手に持って、それで受けながら食べると、きれいで品のよい食べ方に見える。

焼き魚や殻つきエビ、串料理などのように、手を使って食べるものの場合に、懐紙を使うと、手を使うより上品で、手も汚れない。

料理をこぼしたときも、懐紙に拾えばいい。手や口元が汚れたときに拭くのにも使える。

懐紙は懐紙入れに包んで持ち歩き、二つに折った内側から取り出して使う。

洋食のマナー これだけは知っておこう

(1) ナイフとフォークの使い方

テーブルに並べられているナイフ、フォーク、スプーンのことをカトラリーという。

これらカトラリーは、外側に置かれたものから使うというのは常識中の常識だ。もし、間違えて使いすぎて足りなくなっても、お皿をさげにくるウエイターが補充してくれるので、心配しなくてもいい。

右手にナイフ、左手にフォークを持って、料理を左端から一口ずつ切り分けて食べる。

ステーキなどを食べるとき、はじめに肉を全部切り分けてから、右手にフォークを持ちかえて食べる人がいるが、これはマナー違反。

途中で手を休めるときは、ナイフとフォークは皿の上に「ハ」の字に置く。食べ終わったら、ナイフとフォークは斜めにそろえて皿の右側に置く。

(2) ナプキンの使い方

ナプキンは、席につくなり広げてはいけない。乾杯のあと、主賓が広げてから手に取るように。二つ折りにして輪を手前にしてひざに置く。

よく、ナプキンをベルトや帯にはさむ人がいるが、これはみっともない。

食事の途中で席を立つときは、椅子の上におくか、背にかけておく。こうしておけば、中座しているが、戻ってくるというサインで、テーブルを片付けられることもない。

コース料理でコーヒーが運ばれてきたら、ナプキンをはずしていい。食事が終わったらおおざっぱにたたんでテーブルに置く。きっちりたたむのは、料理や店が気に入らなかったというサインになるので、気をつけよう。

ナプキンの使い方
① ナプキンは 二つ折りに して、輪を手前にして ひざに置く。
② ベルトや帯に はさんでは ダメ。
×
③ 席を立つときは、椅子の上か背に置く。

(3) 皿に残ったソースをパンで食べてもいいか？

洋食のソースはおいしいので、皿に残すのはもったいないと、パンをちぎってソースをぬぐって食べることがあるが、これは、正式な席では控えよう。

どうしても食べたいというときは、ちぎったパンを皿に置き、フォークを使ってソースをつけるようにすると、品よく見える。

(4) ワインの正しいいただき方

ワイングラスは、グラスの足を親指、人差し指、中指の3本の指で持つのが基本。

日本酒は飲む人同士でつぎあうが、ワインはグラスが空になっても、自分たちでつがずに店の人についでもらうのがルール。

そのとき、グラスを持ち上げたり、手を添えたりしてはいけない。テーブルに置いたままにする。

ワインで乾杯するとき、ビールのグラスをカチンと合わせるように、ワイングラスの縁を相手のグラスの縁にカチンと合わせる人がいるが、これもマナー違反。ワイングラスは乾杯のときは、軽く目の高さにかかげるだけで、相手のグラスに合わせてはいけない。

(5) デザートのいただき方

デザートに出るケーキは、左端からフォークとナイフで切って食べる。アイスクリームにウエハースがついてきたら、ウエハースの上にアイスクリームをのせて食べるのはみっともない。

メロンは皮と身の間にナイフを入れ、左端から切って食べる。

(6) スパゲッティの正しいいただき方

スパゲッティを食べるときは、左手でスプーンを添えて、右手のフォークにスパゲッティを巻きつけて食べるのが正しいといわれたが、いまだにこんな食べ方をしていると、笑われる。

スパゲッティの本場イタリアでは、フォークに巻きつけるだけで、スプーンを添えて食べる人がいるのは、日本だけだ。スプーンは使わない。

スパゲッティをフォークに巻きつけるときは、皿の上でフォークをまっすぐに立てるようにすると、上手に巻きつけられる。

(7) ステーキの正しい食べ方

ステーキを食べるとき、はじめに肉を全部食べやすい大きさに切ってしまい、フォークを右手に持ちかえて食べる人がいるが、この食べ方は正しくない。

はじめに肉を全部切ってしまうと、肉汁が流れ出て、旨みが逃げてしまうし、冷めやすくなる。

ステーキは、やはり肉の左側からそのつど、ひと口ずつ切り分けて食べるのが正しい。

この食べ方なら旨みも逃げず、おいしく肉を味わうことができる。

(8) 骨付き肉の正しい食べ方

洋食のパーティーなどによく出される、鶏の骨付き肉の料理は、手づかみで食べてもいいのだろうか?

手羽元のフライなどに、よく飾り花の紙が巻きつけられているのは、そこを手で持って食べる。手が汚れたら、フィンガーボウルか、ナプキンで汚れはぬぐう。

大きな骨付き肉は、手に持って食べるわけにはいかないので、ナイフとフォークで切り分けていただく。

骨のある部分をフォークで押さえて、骨に沿ってナイフを入れ、肉を切り離したら、ステーキ肉と同じように、そのつど、左側からひと口食べる大きさに切っていただく。

鶏骨付肉の食べ方

① 骨のある部分をフォークでおさえてナイフを入れる。

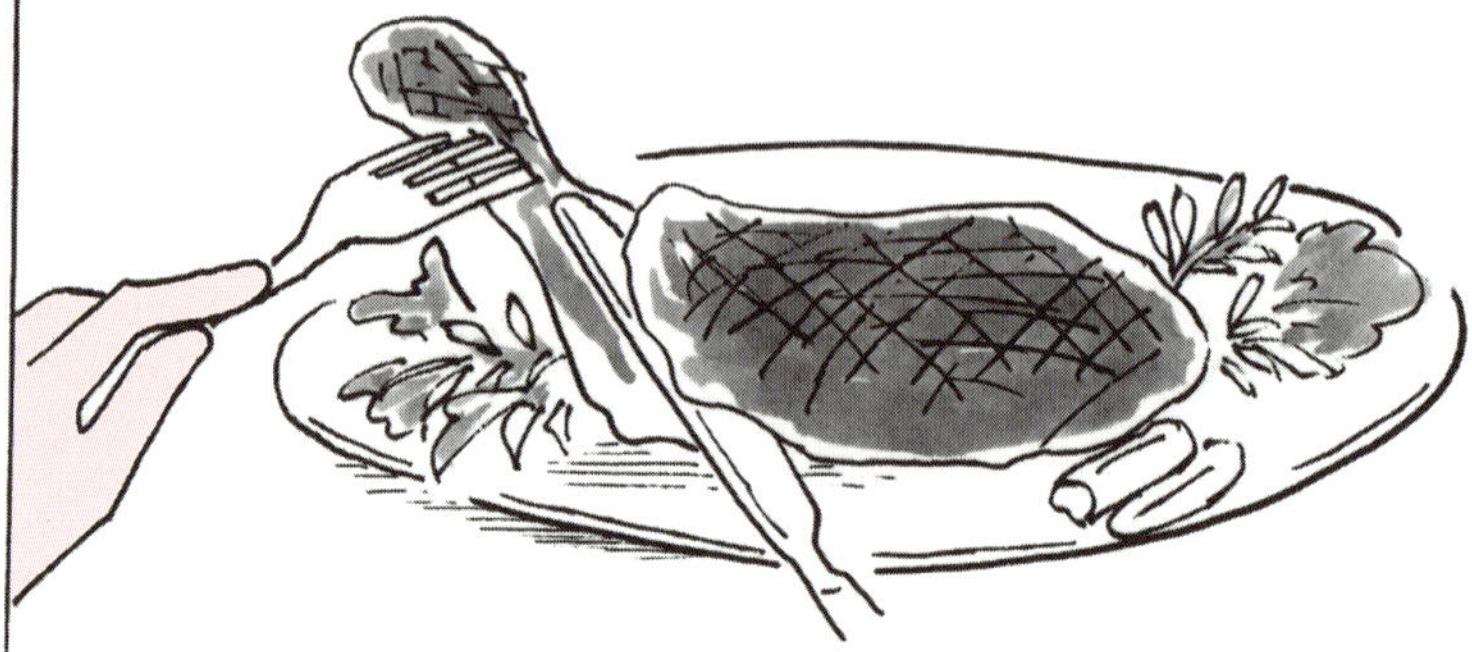

② 肉を切り離したら、左側からひと口大に切って食べる。

(9) スープの正しいいただき方

洋食マナーの代表ともいうべきスープの飲み方。スープは、コース料理の最初に出されるので、スープの飲み方で、あなたのマナーのレベルが決まるといっても過言ではない。

まず、基本中の基本は、音をたてて飲まないこと。西洋料理では、ズズーッという音をたてるのは、もっとも下品な行為とされる。

スープ皿にスプーンを持たない手を添えて、スプーンを手前から向こうへとスープをすくい、顔と直角になるように口へ運ぶ。これはイギリス式といわれる。

逆に向こうから手前にスプーンを動かす人がいる。これはフランス式だからいいというが、間違いだ。

フランス式は、まったく違い、お皿の横から真ん中に向かってスプーンを入れてスープをすくう。

よく見るのが、スープが残り少なくなったら、お皿の手前を少し持ち上げて向こう側にスープをためてスプーンですくう飲み方だが、これは、正式の場ではタブーなのだ。スープがスプーンですくえない量になったら、そこで終わりにするのが正しいのだ。

日本のレストランでは、この飲み方が一般的になっているようだし、多くのマナーの本にも、この行為が正しいと書いてあるので、これをしても恥をかくわけではない。

だが、本場西洋の正式の場では、タブーだと覚えておこう。

(10) カレーの正しいいただき方

レストランで出されるカレーは、ルーを最初からご飯にかけられて出されるのではなく、別の器に入れて出される。

これを食べるときに、最初にルーを全部カレーにかけてしまってから食べる人がいるが、これは、間違い。

少量ずつ何回かに分けてかけて食べるのが正しい。お皿はあまり汚さずに食べるよう心がける。

中国料理のマナー これだけは知っておこう

(1) ターンテーブルのマナー

中国料理の円卓では、主人がお酒をついで回り、乾杯をしたら食事をはじめる。料理は常に主賓から取るのがルール。主賓が取り終わったら、テーブルを時計回りにまわす。最初の料理は、テーブルの全員がとり終わってから食べるのが礼儀だ。

テーブルは常に時計回りに、右にゆっくりまわすこと。ただし、左にちょっとまわせばすぐに取りたい料理があるのに、大きく1回転させなくてはならないかというと、これはオーケー。少しなら左に動かして料理を取ってもよい。

(2) 取り皿のマナー

取り皿は一つの料理に1枚の皿を使うのがルールだ。皿は、日本料理のように手で持ち上げて食べてはいけない。テーブルの上に置いたままで食べるのが基本。

食べ終わった自分の皿を、ターンテーブルにのせてはいけない。ビール瓶などの倒れやすいものも、のせてはいけない。

(3) 麺類・饅頭のいただき方

右手に箸を、左手にレンゲを持ち、箸で取った麺をレンゲで受けて食べる。右手で箸を持ったまま、左手のレンゲでスープを飲むのはマナー失格。スープをのむときは、箸を置いてレンゲを使い、器に直接口をつけないようにする。

饅頭は、そのままかじってはいけない。二つに割ってからたべるようにしよう。

(4) ターンテーブルの上席はどこ?

中国料理のターンテーブルは、円形なので、どこがいちばん上席で、どこがいちばん下席なのかわかりにくい。

円卓の場合でも、入り口からいちばん遠い席が上席、入り口に近いほど下席になる。入り口から遠い奥の中央が最上席で、つぎがテーブルに向かって左、右の順に席に座り、最上席の正面に主催者側が座るのが一般的だ。

料理は、最上席の人から取りはじめるのが、正しいマナー。順番が回ってきたら、いつまでも料理を取らずにいると、テーブルを回せないので、つぎの人が取れなくなる。自分の順番になったら、すぐに自分の分を取ること。

(5) テーブルを回転させるタイミングは?

ターンテーブルを回転させるときは、気配りが大切だ。他の人が料理を取ろうとしていないか、まわりを気にしてテーブルを回すこと。

料理がなかなか自分の席に回ってこないからといって、むやみにテーブルを回すと、他の席の人が料理を取っている最中だったりする。

また、立ち上がって取るのもタブーだ。

テーブルの上には、料理の大皿と、調味料以外はのせてはいけない。食べ終わった皿ものせないようにしよう。

料理を取るサーバーは、皿の内側に寄せておくこと。テーブルからはみ出していると、回したときにグラスやビール瓶などにぶつかったりすることがあるので注意しよう。

また、自分の料理を取るときに、他の人の分まで取り分けている人がいるが、親切のつもりだろうが、これはタブーだ。

(6) 取り分けにくい魚料理はどうする?

中国料理は大皿料理なので、主賓から順に自分たちで、取り分けていくのが基本だ。

でも、高齢の方が主賓の場合などは、主催者がはじめに取り分けてさしあげよう。

また、中国料理には、取り分けるのがむずかしい大きな魚の料理が多い。主催者が全員の分を取り分けるのもむずかしい、このような料理は、店の人に頼んで取り分けてもらったほうがいい。

自分たちで取り分けるときは、各自が取る量に注意すること。一人分の量がはっきりわからない魚料理やあんかけ料理などは、初めのほうで取る人たちが多くとってしまうと、後の人たちまで行き渡らないことになる。

他の人の食べる量に気づかいをするのが、中国料理の基本マナーだ。

立食パーティーのマナー これだけは知っておこう

(1) 立食パーティーの食べ方

立食パーティーは、自由で堅苦しいマナーなどないようだが、人と語り合ったり、楽しい出会いのなかで、お酒や食事をいただくもの。自由な分、勝手な行動をしがちだが、マナーは守りたいもの。

立食パーティーの食事はバイキング形式。一般には、メインテーブルにオードブルからデザートまで右回りでコース順に盛られている。

自由だといっても、食べるときは、いきなり最後のケーキやフルーツから食べるのはマナー違反。料理を楽しむためにも、オードブルからメイン料理へと順に食べるようにしよう。

よく、自分が食べたいものを先に取るために、ほかの人の流れに逆らって、テーブルを逆に回っている人がいるが、これはルール違反だ。

どれから取ってよいのかわからないときは、冷たいものから温かいものへと食べていけばよい。

(2) 料理の取り方

料理を皿に取るときは、あれもこれもとよくばらず、料理は一皿に2～3種くらい取るようにする。1枚の皿に、いろいろな料理をたくさん盛るのはみっともない。皿には自分が食べる分を、残さないような分量にして盛る。

温かい料理と冷たい料理を同じ皿に一緒に盛らないこと。温かい料理は温かい皿を、冷たい料理は冷たい皿を使うようにする。

食べ終わった汚れた皿を、料理がのっているメインテーブルに置いてはいけない。

(3) サンドイッチの食べ方

よく、ひと口サイズのサンドイッチが銀盆に盛られて出る。銀盆から自分の皿に取るときは、用意されているサーバーを使うが、自分が食べるときには、手を使って食べてかまわない。爪楊枝がついていたら、これも手ではずしてかまわない。

(4) グラスの持ち方

飲み物のグラスは、左手の親指と人差し指でグラスの脚をはさんでもち、皿の端にのせて、残りの指で皿の裏側を支えるのが、正しい持ち方だ。

ただし、片方の手でグラスと皿の両方を持つのは、慣れていないとむずかしいので、無理をしないでサイドテーブルを利用すること。

お酒をおいしくかっこよく楽しむマナー

(1) ワインのテイスティングのマナー

レストランでワインを注文すると、テイスティングを求められる。テイスティングを求められて、とまどった経験がある人もいるだろう。

最低限の知識さえ持っていれば、なにもむずかしいことではない。

テイスティングは男性がおこなう。注文したワインがきたら、ボトルのラベルを見て注文したワインかどうかを確認する。

OKだったら、グラスにワインを注いでもらう。グラスの脚を持って目の高さに上げ、色をチェックする。赤ワインなら、グラスを2~3回軽く揺らして空気に触れさせ、香りを確認する。

つぎに口にふくんで味を確認する。ワインの香りと味が変質などしていなければ、OKを出す。

テイスティングは、ワインが変質していないかどうかをチェックするもの。ワインの味が変質していたり、香りがおかしかったりしたら、取りかえてくれるが、ワインが正常なのに、別のものと取りかえてほしいというのは、マナー違反だ。気に入らないそぶりをするのは、店に失礼である。

どうしても取りかえたいというなら、栓をあけてしまったワインの代金も支払う覚悟を。

(2) ワインを勝手に注いではいけない

レストランでは、ワインは勝手に注いではいけない。ソムリエかウェイターにまかせるのがルールだ。自分たちで注ぐのは、かえって店に失礼になる。

注いでほしいときは、手を上げてウェイターに知らせるか、空のグラスを軽く上げて目で合図をする。決して、「すみませーん」などと大声で呼

ワインのテイスティング
① ボトルのラベルをチェックする。
② グラスを目の高さにあげ、色をチェック。
③ 赤ワインは2〜3回揺らして香りをチェック。
④ 口にふくんで味をチェック。
⑤ O.Kを出す。

んではいけない。

ソムリエなどがいない気軽な店で、客が自分でワインを注ぐ場合は、男性がワインを注ぐ役目をすること。ワインの本場ヨーロッパでは、ワインを扱うのは男性の役割で、女性は注いだりしないのがマナーだ。

テイスティングも男性の役目だ。女性が主催者で、女性同士でレストランに行ったときは、女性でもテイスティングはできる。でも、男性が一緒なら、主催者や支払いが女性であっても、ワインを注いだり、テイスティングは男性にまかせるのがルールだ。

日本酒やビールを飲むときは、女性も男性にお酌するが、ワインにかぎっては、女性は男性にまかせるのがスマートなマナーである。

(3) ワイングラスは回しすぎない

ワインを飲むときは、グラスを軽く回してから飲むのがマナーで、これは、ワインを空気にふれさせて香りを立たせるためといわれる。

そこで、日本では「ワイングラスを回すのは、ワイン通」と思われているようだ。

レストランで、ワイングラスをグルグル回しながら飲んでいる人がよくいるが、本場ではあまりスマートなことではない。かえって、「この店はそんなにグルグル回さないと香りの立たない粗末なワインを客に出しているのか」と思われて、店にとっても失礼な行為になる。

グラスを口に運ぶときに、2～3回さり気なく回す程度にしよう。

(4) グラスについた口紅を品よく拭くには？

レストランでワインを飲んでいると、女性ならだれでも経験あるだろうが、グラスに口紅がつくのが気になるもの。

グラスについた口紅は、懐紙を持っていって、グラスが汚れたら、懐紙で拭くのがいちばん品よく見える。

懐紙がなかったら、指先でそっと拭いて取り、ナプキンで指先の汚れを取ること。よく、ナプキンでグラスの汚れを取ると教えているマナーの本があるが、ナプキンでグラスを拭くのはやめたほうがいいだろう。

グラスに口をつける前に、ナプキンで口紅を軽くおさえておくといい。これは、口紅だけでなく、脂っこい料理を食べた後に、ワインを飲むときも同様だ。脂がグラスにつかないように、ナプキンで軽く唇をおさえておこう。

⑸ワインを２本以上頼むときのルール

たとえば、何人かでレストランでワインを飲むときなど、ワインを数本も開けることがある。

そんなときのワインの選び方には、つぎのような理想とされる順番がある。

①軽いワインから重いワインへ
②若いワインから古いワインへ
③シンプルなワインから複雑なワインへ
④辛口のワインから甘口のワインへ
⑤白ワインから赤ワインへ

なぜこういう順に選んでいくのか。もし、①～③の順が逆だったら、どうなるのか。重いワインを飲んだ後に軽いワイン、古いワインを飲んだ跡に若いワイン、シンプルなワインを飲んだ後に複雑なワインを飲むと、水で薄めたようなワインを飲んでいるように感じてしまう。

軽くて若いワインのフレッシュな味が感じられなくなってしまうという。

甘口のワインを飲んだ後に辛口のワインを飲むと、辛さが強すぎるように感じてしまい、辛口ワインの良さを味わえなくなってしまうのだ。

(6) 食前酒にビールを飲んではいけない？

西洋料理の正式なコースでは、料理の前に食前酒（アペリティフ）をすすめられる。

これは、かならず頼まなければならないわけではない。お酒に弱くて飲めない人は、食前酒を断ってもかまわない。

食前酒は、シャンパン、シェリー、キールなどアルコール度数のあまり高くないお酒が一般的。でも、食事の前にはやはりビールが飲みたい、という人は、ビールを食前酒に頼んでもいいのだろうか。

ビールは正式には食前酒ではないので、格式のある店では頼むのは避けよう。だが、それほど格式ばっていないなら、メニューにビールが載っているなら、食前酒にビールを頼んでもかまわない。

といっても、まわりの人がみなシャンパンを飲んでいるのに、一人だけビールを頼むのは、しらけてしまうもの。同席しているまわりの人たちにも気を配って、自分のペースで注文しないよう心がけること。

(7) ビジネスマンが守りたいお酒のマナー

ビジネスでは、接待や会合、忘年会、新入社員歓迎会など、お酒の席が多いもの。ビジネスマンなら、お酒のマナーを身につけていないと、社会人失格といわれてしまいかねない。

キリンビールが、東京都内のビジネスマンとOLを対象に、お酒の飲み方やお酒マナーについての意識と実態の調査をおこなった。

その中でも、新入社員に関する調査で、つぎのような興味深い結果が得られた。

・先輩社員が自分の反省も込めて、新入社員にまず守ってほしいお酒のマナーは？

【1位】ごちそうになったらお礼をいう

【2位】飲みすぎない

【3位】からまない

これを見ると、新入社員に守ってほしいお酒のマナーは、特別なことではなく、ごく当たり前のマナーであることがわかる。マナーというのは、じつはとても基本的な行為で、その基本を守ることが、簡単なようでいて、むずかしいということを表している。

・日頃から、先輩社員が気をつけているお酒のマナーベスト3は？

【1位】無理に酒をすすめない
【2位】楽しい話をする
【3位】あまり酔わせない

お酒の席では、相手のことを気づかって無理じいせず、楽しく飲みたいと考えている人が多いことがわかる。このほか、異性に対して気をつけていることとして、帰宅時間の配慮と、自分が悪酔いしないことがあげられている。

・先輩社員が一緒に飲みたい新入社員は？

【男性1位】自分の考え・意見を持った新人
【男性2位】仕事に意欲を持った新人
【男性3位】言葉遣いがきちんとしている新人
【女性1位】陽気な新人
【女性2位】話題の豊富な新人
　　　　　言葉遣いがきちんとしている新人

これを見ると、男性、女性の先輩社員たちが共通して新入社員に望んでいることは、「言葉遣いがきちんとしている新人」で、言葉遣いはいちばん大切なマナーであることがわかる。

・先輩社員が新入社員と飲んだときの話題は？

【1位】仕事の話
【2位】会社全体のこと

先輩が新入社員と飲んだときの話題は、男性も女性も仕事と会社にかかわる話題が多い。人生にかかわる話や、社会人としての心得など、教訓的な話題はあまりされていないようだ。

新入社員にとっては、先輩とお酒を飲む場は、仕事や会社について、具体的な話を聞く絶好の機会であることがわかる。

これらの結果から、新入社員と先輩にとって、お酒を飲む機会は、マナーを守って楽しくコミュニケーションをとるための重要な場と考えていることだ。

(8) 日本酒の正しい注ぎ方

友人同士で気楽に飲む席なら、どんな注ぎ方をしてもかまわないが、社会人が仕事などの公的な酒席でお酒を注ぐときは、知っておきたいマナーがある。

まず、銚子でお酒を注ぐときは、片方の手で銚子の中ほどを持ち、もう一方の手を下に添えて支え、銚子の口先が盃に触れないように盃の上に近づけ、そっと銚子を傾ける。

このとき、盃をいっぱいにしてしまうと飲みにくいので、8分目ほど注ぐ。

銚子を持つ手の手首を返して、手のひらを天井に向けて注ぐのは、お酌慣れしている印象を与え、好ましくない。

また、銚子に残っているお酒を確かめるのに、銚子の中をのぞきこんだり、銚子を激しく振るのは、見苦しいので避けよう。軽く振って確かめるだけでいい。

空になった銚子を横にして、お膳の上に置くのもみっともないので、気をつけよう。

(9) 盃の正しい持ち方・飲み方

お酒を受けるときの盃の持ち方にも、美しい持ち方がある。まず、盃を右手で持ち、左手の指先を盃の底に軽く添えて両手でいただくと、美しく見える。

また、口を盃に近づけていって、前かがみになる飲み方は、見苦しいのでタブーだ。お酒を盃にあふれるほど注がれると、こぼれそうになるので、自然と口を盃に近づける前かがみポーズになってしまうので、注意しよう。

お酒を注いでもらったときは、かならずいったん口をつけてから、テーブルに置くのがマナーだ。注いでもらったのに、口をつけずにすぐに置くのは失礼になる。

また、置き注ぎといって、盃をテーブルに置いたままま、お酌を受けたり、お酌をするのはマナー違反だ。お酌をするとき、されるときは、かならず盃を手に持って受けること。

盃が小さいからと、一度に飲み干すと、すぐにまた注がれる。盃が小さくても、一度に飲み干さず、少し残してテーブルに置くこと。

飲みたくないときや、飲めないときは、盃が空になっていると、また注がれるので、少し盃に口をつけてから、置いたままにしておくといい。

(10) カクテルのおしゃれな飲み方

カクテルは粋な大人の飲み物。雰囲気を大切に、おしゃれに飲みたいものだ。

カクテルを何杯か飲むときは、どのカクテルをどの順番で飲んでもかまわないが、最初に飲む一杯は、どの店に行っても、常に同じものと決めておいたほうがいい。最初に頼むカクテルを、どの店でも同じものにすれば、店の味の違いや、バーテンダーの腕の違いがわかってくるからだ。

カクテルをおいしくおしゃれに味わうには、ショートカクテルと、ロングカクテルの違いは知っておこう。

ショートカクテルとロングカクテルでは、飲み方に違いがあるからだ。ショートカクテルは、脚のついた小さいグラスが使われていて、氷が入っておらず、フレッシュな材料でつくっている。そのため、ぬるくなって味が落ちないうちに早めに飲む。

ロングカクテルは、背の高いグラスや、トロピカルドリンクなどの大きなグラスが使われ、氷が入っていて、時間をかけてゆっくりと味わう。

バーテンダーは、おいしく飲んでもらうために、ショートはグラスやお酒を冷やすなど努力をし、ロングは長く飲んでもらえるように氷を溶けにくくするなどつとめている。

それを知らずに、ショートを長い時間かけて飲んだり、ロングをアッという間に飲んだり、逆の飲み方をしたら、店の気づかいをムダにすることになり、マナー違反だ。

ただし、ショートはアルコール度数の高いものが多いので、早く飲んだほうがいいからと、一気に飲むと、酔いが回ってしまうから注意が必要。
ロングはアルコール度数が低いものが多いので、アルコールに弱い人や、時間をかけてゆっくり飲みたい人、初心者に向いている。
カクテルの分け方には、そのほか、アペリティフ・カクテル（食前に飲むカクテル）、ディジェスティフ・カクテル（食後に飲むカクテル）、オールデイ・カクテル（いつでも飲めるカクテル）、ナイトキャップ・カクテル（寝酒）などがある。

⑾ 中国料理で飲む紹興酒の正しい味わい方

中国料理を食べるときに、日本人がよく飲むのが紹興酒だ。老酒のなかでも、紹興市の名水を使った上質の酒だ。

日本では、紹興酒を飲むときに、氷砂糖がかならず一緒に出てきて、氷砂糖を入れて飲むのが通だと思っている人がいる。

だが、本場中国では、氷砂糖は入れない。

上等な紹興酒には、自然な甘みがあるので、氷砂糖を入れるのは、安い酒に砂糖で甘みを加えて、少しでも上等の紹興酒の味に近づけるため。

だから、氷砂糖を入れると、上等な紹興酒の味を台無しにしてしまうのだ。

日本では、中華料理には欠かせない紹興酒だが、中国では上海や南京の揚子江周辺だけで飲まれているもので、中国では、紹興酒よりも白酒のほうがよく飲まれている。

白酒は、小麦、豆、コウリャン、とうもろこしなどの穀物からつくった蒸留酒で、現在は中国の酒の種類の80パーセントを占めるといわれる。

アルコール度数が、50～60度もある強い酒で、香り、口当たりがいい、中国の銘酒だ。

中国では、お祝いなどの宴席では白酒を飲み交わす。小さなグラスに入れて一気に飲み干す。相手に「カンペイ」といわれたら、かならず飲み干すのがマナー。宴会ではこれを何度も繰り返すという。

⑿ ビールの正しい味わい方

和食、中華、洋食とどんな料理にも合うのが、ビール。暑い夏はもちろん、冬もアツアツの鍋料理を囲んで味わうビールは格別だ。

最近では、地ビールや季節限定ビールなどが出回り、黒ビール、ダイエットビール、ハーブ入りビールなど、さまざまな種類のビールを楽しむことができる。

そこで、ビールをよりおいしく飲むための、正しい味わい方を紹介しよう。

①まず、当たり前のことのようだが、日光や暑さは厳禁だ。温度が高いところに長時間置いておくと、苦味が強くなり、うま味がなくなってしまうので、保管するときは、冷暗所に。

②揺らさないこと。ビールを揺らすと、溶け込んでいる炭酸ガスが気化しやすくなる。冷蔵庫のドアポケットに入れると開けるたびに揺れるのでよくない。

③冷やし過ぎないこと。ビールは冷たいほうがおいしいと、冷やしすぎてはダメ。あまり冷やしすぎると味が落ちる。凍結したら品質は悪くなる。夏なら5~8度、冬は10~12度が飲みごろといわれている。

④汚れのないグラスに注ぐこと。ビールは泡が命。その泡は、きれいなグラスから生まれる。脂汚れや、指紋などがグラスに残っていないか、よくチェックしてから、注ごう。グラスはよく洗い、洗剤が残らないよう、きれいにすすぐ。フキンで拭かず、自然乾燥させる。

⑤賞味期限の目安は3か月。おいしいビールを飲むなら、3か月が賞味期限といわれる。日にちがたってしまったビールはキレがなくなる。

つぎに、おいしく味わうためのビールの注ぎ方を紹介しよう。ビールの味は注ぎ方で決まるといっても、過言ではない。

ビールの味を左右するのが泡。泡は、ビールの酸化や香りが抜けるのを防ぎ、炭酸ガスをとどまらせる役割がある。細かくてきれいな泡が出るように注ぐ方法がつぎにあげる「3度注ぎ」である。

【1度目】

①グラスは冷やしておく。はじめはおだやかに、

つぎに勢いよく泡をたてて注ぎ、グラスの上端より少し盛り上がったところでいったん止める。

②グラスが泡でいっぱいになるが、しばらくすると、泡がおさまる。

【2度目】

③泡がグラスの半分くらいになったら、泡を持ち上げる感覚でゆっくりと注ぐ。グラスの上端より少し盛り上がるまで。

【3度目】

④再び泡が半分くらいになるまで待ち、グラスの上端より1・5センチほど盛り上がるように、静かに注ぐ。

⑤こんもりと泡がグラスをはみ出し、ビールと泡の比率が7対3になればOK。泡がクリームのようにきめ細かくなっていれば、絶品の味！

8
章

知っておきたい

ごちそうを食べるマナー

韓国料理の正しい食べ方

●ビビンバのおいしい食べ方

韓国料理といえば、ビビンバが代表的な料理。ビビンバの食べ方に、むずかしい点はないが、おいしく食べるコツがある。

まず、よく混ぜることだ。韓国料理にはチョッカラという箸と、スッカラというスプーンがついてくる。主に使うのはスッカラで、チョッカラはおかずをつまむときだけに使う。

日本料理と違う点は、お皿はテーブルに置いたまま、持ち上げないで食べるのが正しい。

ビビンバは、混ぜご飯という意味なので、とにかくよく混ぜるのが、おいしく食べるコツ。

ご飯が熱いうちによく混ぜる。ご飯の上にのっている具と、ご飯がよく混ざり、ご飯の色が変わったくらいが食べごろだ。

石焼ビビンバなら、スープを入れて混ぜる。スッカラで石鍋のまわりのおこげをガリガリはがして味わうといい。

ヤンニョム（辛みそ）を好みで混ぜるとおいしい。

●サムゲタンのおいしい食べ方

サムゲタンは、若鶏の中に高麗人参、にんにく、なつめ、もち米などを詰め込んで煮込んだ韓国の伝統料理。夏ばてを予防する、栄養満点の代表的な健康料理だ。

まず、サムゲタンが出てきたら、スープを一口飲んで、味をみる。お店によってスープが薄かったり、朝鮮人参の味が濃かったりと、さまざまなので、まず、一口飲んでみること。

その後、塩コショウで、自分の好みの味にする。箸とスプーンを使って鶏肉をくずして、受け皿に移す。鶏肉の中に詰まっているもち米や朝鮮人参、にんにく、なつめ、しょうがなどとスープを混ぜながら食べる。

日本では、ご飯とスープは別々に食べるのが習慣になっているが、スープとご飯は混ぜながら食べるのが韓国式。

付け合せで出てくるキムチやカクテキなどと一緒に食べるとなお、おいしい。

●タッカルビのおいしい食べ方

タッカルビとは、鶏のカルビのことで、鉄鍋に鶏肉、野菜やトックという韓国の餅を入れていため焼きにする。韓国式すき焼きだ。

鶏肉は一口大に切りタレをからめておく。トックは水につけておく。鍋に油をしき、鶏肉を炒め、まわりに野菜とトックを入れて炒める。

タレを回しかけて焼きながらいただく。食べ終わる頃に、ご飯を入れ、チャーハンにしたり、うどんを加えて焼きうどんにして、いただいてもおいしい。

焼肉のおいしい食べ方

焼肉は、網で焼くのが一番おいしいのだが、家庭ではホットプレートで焼く場合が多い。ホットプレートで焼く場合は、まず、一度にたくさんの肉をのせないようにすること。

一度にたくさんのせると、急に温度が下がるので、肉から水分が出てしまい、おいしく焼けない。強火で少しずつ焼くのが、コツ。

タンなどの塩焼きから焼き始め、タレ焼き、味噌焼きの順に焼くと、網を汚さずに焼ける。

韓国の焼肉は包んで食べるのが基本。肉を食べるときは、野菜に包んだり、野菜をはさんだりして、とにかく野菜もたっぷり食べる。

それが、韓国の人のスリムな体型維持のコツかもしれない。

包む野菜は、サンチュ、レタス、キャベツ、白菜、大葉などで、キャベツと白菜は茹でておく。はさむ野菜は、長ねぎ、貝われ、キュウリの千切り、セロリの細切り、人参の千切り、春菊など。

焼肉を野菜で包んで食べるときは、箸を使うとうまくいかないので、手で巻いて食べてもいい。レタスやサンチュに肉をのせ、好みの味噌をつけ、はさむ野菜を入れて、手でまき、タレをつけて食べるとうまくいく。

大勢で食べるときは、自分の分は自分で焼くのが、焼き加減をうまく調節できる。焼き過ぎないのがコツ。

ジンギスカンの正しい食べ方

最近、人気がでてきたジンギスカン料理。食べなれていない人は、どうやって食べるのがマナーなのか、ちょっと面食らってしまうかも。

でも、べつにむずかしいマナーはいらない。基本的には、決まりにこだわらずにおいしくいただくことができれば、OKだ。

だが、基本的なルールは知っておこう。

まず、ジンギスカン鍋のトップ中央の位置に牛脂をのせ、鍋全体に油を行きわたらせる。牛脂は鍋のトップ中央に置いておく。

野菜は鍋のふちにのせる。玉ねぎ、ピーマン、もやし、かぼちゃ、ナスなどが一般的だ。

鍋を十分熱してから肉を焼く。肉は野菜のない中央部に置く。ごま油をたらすと、香りがよくなる。

焼き加減は、焼きすぎず、ミディアムくらいがいいが、マトンは比較的よく火を通したほうが安心だ。ラム（子羊）ならレアでもいい。

ジンギスカン用のタレをつけていただく。

すき焼きの正しい食べ方

すき焼きの食べ方には、関東風と関西風があるのは、みな知っているだろう。

関東風は、割り下という出しを鍋に入れて、肉と野菜を同時に煮る食べ方だ。

関西風は、しょうゆ、砂糖などを肉にまわしかけて焼く。

関西風の食べ方を説明すると、、まず、すき焼き鍋を熱して牛脂を入れ、鍋にこすって脂をなじませる。

牛肉とねぎを入れて焼き、香りがたったら、砂糖、しょうゆを入れ、焼き豆腐などのほかの材料を加える。しらたきは最後に入れる。煮えたら、卵につけていただく。

煮詰まったら、薄割り下を加え、味が薄くなったら、しょうゆ、砂糖で味を調節する。

しらたきのそばに牛肉を置くと、肉がかたくなるので、注意しよう。

しゃぶしゃぶの正しい食べ方

しゃぶしゃぶは、本来は専用の鍋で食べるが、家庭では、土鍋で十分だ。

タレに、ごまダレとポン酢を用意するといい。薬味は、もみじおろし、さらし玉ねぎ、ニラやにんにくのみじん切りなどを。

鍋の水を沸騰させ、出しこぶをさっとくぐらせ、あとは、肉を1枚ずつしゃぶしゃぶとすすいで、タレをつけていただく。肉は、煮すぎず、薄桃色くらいがもっともおいしい。

鍋に灰汁が出てきたら、灰汁をとり、透き通ったスープにしておくのが、おいしく食べるコツ。

肉で出しが出たら、野菜を煮えにくいものから入れていく。一度に食べられるくらいの量ずつ入れるのがコツ。野菜は出しの出るもの、煮えにくいものから入れていくのがルールだ。

しいたけは出しが出るので、早めに入れる。白菜、人参は煮えにくいので、これも早めに入れること。春菊やねぎはあまり煮すぎないほうがいい。

春雨は、入れて一〇秒くらいで食べられる。

最後に、肉と野菜の出しで、きしめん、餅をいただく。鍋の中に野菜が残っていたら器に移し替えて、鍋を沸騰させ、灰汁を取り除き、スープをきれいにする。

鍋に餅を入れ、次にきしめんを入れる。スープカップに塩コショウを入れ、レードルでスープをすくってカップに入れる。きしめんや餅をカップに取り、好みでポン酢、さらし玉ねぎを加えていただく。

しゃぶしゃぶの食べ方では、灰汁をこまめに取ることが大切。

また、肉を鍋でしゃぶしゃぶするときは、一枚ずつ箸で泳がせるようにするのがコツだ。

きしめんのかわりに、中華そば用の麺でもおいしくいただける。

湯豆腐の正しい食べ方

鍋に昆布をしき、水を入れた中にひと口大に切った豆腐を入れ、煮えたところを引き上げて、タレにつけていただく。

豆腐はあまり煮込まないのがコツ。豆腐がグラッと動いたくらいがいいといわれる。

タレはしょうゆ、ポン酢しょうゆなど。薬味はねぎ、ゆず、大根おろし、もみじおろし、かつおぶしなどがいい。

塩ひとつまみ、大根のきざんだものを鍋に入れて煮ると、豆腐にスが入らず、やわらかく仕上がる。白菜やタラの切り身を入れて煮る場合もあるが、あまり味の濃いものは入れないのがおいしい湯豆腐をいただく秘訣だ。

土瓶蒸しの正しい食べ方

マツタケの香りがなんとも贅沢な土瓶蒸しは、この香りを楽しむのが、マナーだ。

まず、おちょこに土瓶の汁を注ぎ、香りを味わう。すだちをおちょこにしぼって、味をみる。このとき、すだちは、土瓶にしぼってしまうと、味が変化してしまうので、二杯目からがおいしくなくなってしまう。

すだちはおちょこにしぼるのが、基本のマナーだ。

つぎに土瓶のふたを開け、また香りを楽しんでから、中の具をおちょこにとっていただくのがマナー。

ピザの正しい食べ方

イタリア料理の定番、ピザは、マナーよりも、おいしくいただくことが基本だ。

本場イタリアでは、ピザカッターなどはない。これは、日本でつくられたものだと、いわれている。

では、どうやって切って食べるかというと、ナイフとフォークを使う。

カジュアルな場では、手で食べてもかまわないが、ナイフとフォークを使ったほうが、スマートに見える。

また、焼きたては熱いから、手よりも、やはりナイフとフォークを使ったほうがいい。

ピザの具がのった真ん中を食べて、端の固いところを残す人がよくいるが、じつは、本場では、この端っこがおいしいと、いわれている。

大勢でワイワイいいながら、大きなピザを切り分けていただくのが、なんといっても、最高においしいのではないだろうか。

知っておきたい
暮らしのマナーブック

2006年11月10日　初版印刷
2006年11月20日　初版発行
発行者　柳原浩也
発行所　柳原出版
〒615－8107　京都市西京区川島北裏町74
電話　075（381）2319
印刷・製本　大村印刷
版下作成　イールプランニング

ISBN 4-8409-6012-7